Freiheit, die ich meinte

Helga Grebing

Freiheit, die ich meinte
Erinnerungen an Berlin

vbb   verlag für berlin-brandenburg

Gedruckt mit freundlicher Unterstützung der Friedrich-Ebert-Stiftung.

1. Auflage 2012
© Verlag für Berlin-Brandenburg, Inh. André Förster
Binzstraße 19, D–13189 Berlin
www.verlagberlinbrandenburg.de

Umschlaggestaltung: Pina Lewandowsky, Berlin
Satz und Gestaltung: Florian Behr, Berlin
Druck und Bindung: CPI – Clausen & Bosse, Leck
Printed in Germany

ISBN 978-3-942476-39-3

Inhalt

Ein wenig Vorwort sollte sein

Sollte man es als Historikerin nicht besser lassen, Erinnerungen an sich selber aufzuschreiben, weiß man doch um die selektive Wahrnehmung und die begrenzte „Wahrheit" von Erinnerungen? Und weiß man nicht auch zugleich als Zeitzeugin, dass Historiker Erinnerungen allzu begierig verallgemeinern und den präzisen Kontext ihrer Entstehung verlieren können?

Was also tun? Schweigen? Verschweigen? Mit den Erinnerungen „am besten in dunklen, verschlossenen Zimmern" leben, während man doch eigentlich lieber „die heutige Sonne im Sinn haben" möchte und „die laufenden Wolken, die aktuellen Wege", wie es Wisława Szymborska in ihrem Gedicht *Nicht leicht mit der Erinnerung* ausdrückt? Dies alles im Kopf, habe ich mich bemüht, meine Erinnerungen in Distanz zu mir selbst wiederzugeben und zugleich die rote Linie des allgemeinen historischen Verlaufs im Auge zu behalten. Vielleicht ist dieses Kunststück des historiografischen Spagats gelungen, so hoffe ich jedenfalls.

Berlin, im Mai 2012
Helga Grebing

Die Zeit bis 1930

Grebings, so viele Grebings auf einmal

Nach Deuna bin ich zum ersten Mal am 24. September 1974 gefahren. Ich lebte und lehrte damals bereits einige Jahre in Göttingen, das aufgrund des Grundlagenvertrages zwischen der BRD und der DDR zum Gebiet des „kleinen Grenzverkehrs" gehörte. Den Antrag an das Volkspolizeikreisamt Worbis auf Einreise hatte ich am 7. Juni 1974 für mich, Lucinde Sternberg und meine 71-jährige Mutter gestellt. Letzteres, um eine Begründung für die Genehmigung der Einreise mit einem PKW vorzuweisen. Die Genehmigung wurde nicht erteilt, sodass Lucinde und ich mit unserem PKW nur bis zum Grenzübergang Duderstadt/ Worbis fahren konnten und das Auto dort parkten. Da es gerade zu regnen begann, nahmen wir unsere uralten Regenmäntel mit, die wir ständig im Auto liegen hatten. Von Worbis ging es dann mit dem Bus nach Heiligenstadt; während der Fahrt kontrollierte ein Volkspolizist das Gepäck der Reisenden. Mir gelang es immerhin, die Volkspolizisten davon zu überzeugen, dass die Bücher des 1950 in Göttingen verstorbenen Philosophen Nikolai Hartmann, die dessen frühere Mitarbeiterin Freunden in der DDR mitbringen wollte, kein nazistisches Gedankengut enthielten. Davon hatte ich ein wenig Ahnung. Die Mitarbeiterin konnte mit den Büchern einreisen.

In Heiligenstadt, also nun auf echtem DDR-Boden angekommen, standen wir etwas hilflos herum und fragten uns, wie wir wohl nach Deuna kommen könnten. Schließlich stellten wir diese Frage der Frau im Zeitungskiosk, und die sagte sogleich angesichts unseres regennassen, etwas derangierten Aussehens: „Nach Deuna, ach, Ihr sucht wohl Arbeit im Zementwerk?" Als wir ihr erklärten, dass wir „von drüben" zu Besuch gekommen seien, entschuldigte sie sich, benutzte nun das „Sie" und wies uns den Weg mit dem Bus – nach insgesamt fast drei Stunden von Göttingen aus landeten wir in Deuna. Mit dem Auto hätten wir eine Stunde gebraucht. Die Leser werden sich nun zu Recht fragen: Ja, was wollten die denn um Himmels willen in Deuna?[1]

Deuna, ein Ort im heutigen Landkreis Eichsfeld, Verwaltungsgemeinschaft Eichsfelder Kessel, wurde zum ersten Mal 1162 urkundlich erwähnt;[2] der Ort bestand aber bereits Hunderte von Jahren früher. 1294 verkaufte ein Graf Heinrich von Gleichen das Eichsfeld an den kurfürstlichen Erzbischof von Mainz. Das Eichsfeld blieb bis zur Säkularisation kurmainzisch und wurde 1802 preußisch, blieb aber, und dies bis zum heutigen Tag, erzkatholisch. Wovon lebten die kinderreichen Familien in Deuna? Da im Erbrecht die Realteilung vorherrschte, wurde der bäuerliche Besitz immer kleiner und ernährte immer weniger Menschen wirklich. Als die kurmainzische Regierung bereits 1780 den bis dahin geltenden Zunft- und Gildezwang vollständig aufhob, bedeutete dies für die armen Eichsfelder die Rettung. Jeder konnte nun seinen Webstuhl aufstellen, weben und seine Ware verkaufen, wann und an wen er wollte.

Doch nach wenigen Jahrzehnten war es schon wieder mit der Wollweberei-Heimindustrie vorbei, und es begann sich ein Eichsfelder Spezifikum herauszubilden: die Wanderarbeit, die Mitte des 19. Jahrhunderts etwa 20 Prozent der Bevölkerung betraf. Überall, wo Straßen und Eisenbahnlinien gebaut wurden, fand man nun die Eichsfelder. Auch die spätere Leinenweberei in Heimarbeit hielt der industriellen Revolution nicht stand, und was Deuna betraf, so beschäftigten die beiden Rittergüter am Ort mit einem 1.185 Morgen großen Privatwald nicht gerade viele Arbeitskräfte. Und wieder wanderten sie, nun auch verstärkt nach Berlin, wo gerade die Gründerzeit begann – unter ihnen auch die Grebings.

Als wir den katholischen Pfarrer, mit dem ich bereits Briefe gewechselt hatte, wider Erwarten nicht antrafen, um in den Kirchenbüchern nach den Grebings fahnden zu können, gingen wir auf den Friedhof, und da hatten wir dann unser Erlebnis der besonderen Art. Unzählige Grebings waren hier beerdigt, und wer nicht Grebing hieß, war eine geborene Grebing. Es gab, so schien es uns, in Deuna so viele Grebings, wie in Berlin Schulzes, Meiers, Müllers. Dazu dann die Namen, die ich aus den kleinen Kinderzeiten noch im Ohr hatte: Demme, Helbig, Hesse, Schlichting... Nun begriff ich, warum meine Großmutter Maria Sophia Grebing eine geborene Grebing gewesen war; nun erfuhr ich, dass die Grebings einst während des Wollwebereiaufschwungs nach Deuna zugewandert waren, denn seit 1803 lassen sie sich bis zum heutigen Tag ohne Unterbrechung in den Urkunden und Akten finden. Woher sie kamen, kann ich nicht sagen; der Name selbst ist indessen leicht zu entschlüsseln: Ein Grebing ist niederdeutsch ein ‚Dachs‘, also ein Grabender. Spricht man noch heute auf dem Friedhof in Deuna, der inzwischen neu angelegt wurde, wobei viele der alten Grabsteine verloren gingen, Einheimische an, so wie ich es auch bei den späteren Kurzbesuchen tat, und stellt sich mit Namen vor, so hört man meistens: Ich heiße auch Grebing; direkte Verwandtschaften stellten sich indessen nicht heraus.

Eduard Grebing und Sophia Grebing, geborene Grebing

Inzwischen kann ich ‚meine' Grebings bis auf die Ur-Ur-Großeltern zurückverfolgen. Meine Großeltern waren Eduard Grebing, geboren am 15. März 1865 in Deuna, gestorben am 16. November 1936 in Berlin, und Maria Sophia (manchmal auch nur: Sofie), geboren am 21. März 1868 in Deuna, gestorben am 2. August 1937 in Berlin.[3] Sie heirateten am 27. April 1897 in Berlin und wurden am gleichen Tag in der katholischen St. Pius-Kirche in Berlin-Friedrichshain, Nähe Strausberger Platz, getraut. Beider Eltern waren schon verstorben.

Eduards Großvater (also mein Ur-Ur-Großvater) hieß Franz Grebing und war Leineweber in Deuna; seine Großmutter hatte den Namen Katharina. Eduards Vater war der Leineweber Heinrich Grebing (1825–1886); seine Mutter war Klara Grebing, geborene Helbig (1825–1893). Deren Eltern hießen Johann Theodor Helbig, ‚Ackermann', also Kleinbauer, und Philippine Helbig, geborene Müller. Heinrich und Klara Grebing hatten sechs Kinder. Alle wurden sie in Deuna geboren und starben auch dort.

Sophias Großeltern (also meine Ur-Ur-Großeltern) waren der Weber Wilhelm Grebing und Anna Maria Grebing, geborene Müller. Sophias Vater war Johann Georg Grebing (1824–1896), Handarbeiter, nach anderen Quellen Nachtwächter und Flurdiener oder Holzaufseher (alles wahrscheinlich im Dienste der Gutsherren); ihre Mutter hieß Anna Elisabeth Grebing, geborene Hesse (1824–1892). Deren Eltern waren Lorenz Hesse und Anna Katharina Hesse, geborene Schneider. Auch sie wurden alle in Deuna geboren und starben dort.

Eine Überraschung hielten die Urkunden für mich bereit: Sophias Eltern wurden 1874 wegen Holzdiebstahls zu je zwei Tagen Gefängnis verurteilt; wahrscheinlich waren sie beim Sammeln von nicht

Hochzeitsfoto der
Großeltern Eduard und
Sophia Grebing, 1897

mehr verwendbarem Holz im gutsherrlichen Wald ertappt worden.
Ihr ältester Sohn Christoph wurde 1883 wegen Unterschlagung zu einer Woche Gefängnis verurteilt. Schlimm wird beides nicht gewesen
sein; aber mir macht es Spaß zu wissen, dass ich von Holzdieben und
Betrügern abstamme – wer kann das schon!

Eduard und Sophia haben also irgendwann Deuna in Richtung
Berlin verlassen und sich dort wiedergefunden, oder hatte er sie
nachgezogen? Die jungen Wanderarbeiter aus dem Eichsfeld, die in
Berlin als Maurer arbeiteten, lebten meistens in einer Art Kommune
– fünf bis sechs in einem karg möblierten Zimmer, das womöglich
der Bauunternehmer zur Verfügung stellte. Im Winter, wenn nicht
mehr gebaut werden konnte, gingen sie in ihr Dorf zurück. Warum

sollten die jungen Frauen, neugierig geworden oder gemacht, nicht im nächsten Frühjahr mitziehen und – natürlich, was sonst – als Dienstmädchen sich verdingen. So tat es Sophia, die bei einer aus Deuna zugezogenen Familie, die inzwischen zu Hausbesitzern avanciert war, arbeitete. Ob es unter den jungen Leuten ein gemeinsames geselliges Leben oder so etwas Ähnliches gab? Wohl eher nicht.

Eduard und Sophia heirateten spät: Er war bereits 32 Jahre alt, sie 29. Es war schwierig, die Voraussetzungen für einen Ehestand zu schaffen. Fast genau neun Monate nach der Eheschließung kam das erste der acht Kinder, Karl Eduard (21. Januar 1898), auf die Welt. Es folgten Franz Alfons, mein Vater (10. Mai 1899), Otto Heinrich (13. Dezember 1900), Margarete Josefa Hedwig (1. März 1903), Hedwig Veronika Sofia (16. März 1905), Max Eduard (5. Juni 1908) und danach noch die Zwillinge Paul Erhard und Sophia Gertrud (14. November 1910). Da war Sophia fast 43 Jahre alt. Die Lücken lassen Fehlgeburten vermuten. Die Geburten belasteten Sophia sehr – ich habe sie nur als herzkranke, über offene Beine klagende, meist das Bett hütende alte Frau kennenlernen können, die sich tief gläubig in ihr Schicksal gefügt hatte. Sie selbst soll einmal geäußert haben, dass sie wirkliche Ruhe eigentlich nur während der Kindbett-Zeit gehabt hatte.

Wo und wie lebt eine immer größer werdende Familie wie die der Grebings? Zunächst in der Zorndorfer Straße 12, wo Sophia offensichtlich bereits vor der Eheschließung gewohnt hatte; diese Straße heißt heute Mühsamstraße; man findet sie in der Nähe des Frankfurter Tors in Berlin-Friedrichshain. Eine weitere Wohnstätte wurde die Naunynstraße 70, gelegen mitten in Kreuzberg oder besser – wie es noch lange hieß – in Berlin SO 36. Später lebten sie in der Manteuffelstraße 72. Die Wohnung in der Naunynstraße war ein Halbkeller; es muss so um 1907 gewesen sein, als Sophia in Deuna ein Stück Land erbte, es für 2.000 Goldmark verkaufte und eine Milchtrinkhalle beziehungsweise Milchwirtschaft einrichtete, für die nach damaligem Recht Eduard als Eigentümer eingetragen wurde. Außer Milch und vielem anderen konnte man dort auch Kuchen kaufen, den Sophia backte – besonders beliebt war ihr Streuselkuchen, auch bei ihren eigenen Kindern, die ihn oft verspeisten, bevor er verkauft werden konnte. Es gab auch Eichsfelder Wurst dort – die älteren Kinder wurden des Öfteren nach Deuna geschickt, um die Ware zu holen. Abnehmer der Wurst waren

Vor der Milchtrinkhalle in der Kreuzberger Naunynstraße, v.l.n.r.: Otto, Margarete, Hedwig, Sophia und Franz Grebing

betucht gewordene Eichsfelder; auch hier spielten die älteren Söhne die Lieferanten. Sie mussten den Dienstboteneingang benutzen, und wenn sie Glück hatten, bekamen sie zum Geld für die Würste ein „Sechserstück" – das schäbigste Stück Gebäck, das man für sechs Pfennige kaufen konnte.

Hinter dem Ladenraum befand sich ein fensterloses größeres Zimmer und dahinter eine Reihe von kellerartigen Kammern zum Hof hin mit kleinen Fenstern, durch die die Halbwüchsigen manchmal am späten Abend ausbüchsten, wenn Vergnügen lockte. Wie es um die sanitären Verhältnisse stand, darüber ist nichts bekannt, jedenfalls mir nicht. Später in der Manteuffelstraße 72, linker Seitenflügel, bestand die Wohnung aus einer Küche, groß genug, dass noch zwei Betten für die noch nicht ausgezogenen Kinder Platz hatten, einem großen Zimmer, das als Wohn- und Schlafzimmer diente, und dahinter einer

dunklen Kammer, in der ich immer den Teufel, von dem die Großmutter dauernd sprach, vermutete. Ein Wasserklo für vier Haushalte
befand sich auf der Zwischentreppe.

Die Milchwirtschaft wurde keine Goldgrube, existierte aber immerhin bis 1932 und wurde erst geschlossen, als sukzessive der Um-
satz von Milch von täglich 120 auf 20 Liter gesunken war. Der Laden
und Eduards Arbeit als Maurer, meist im Akkord, ernährte die große
Familie halbwegs ordentlich. Insofern waren meine Großeltern ein
typischer Fall proletarisch-kleinhändlerischer Misch- bzw. Doppel-
existenzen: Zuwanderer in die Großstadt mit langfristigen Bindungen
zu ihren Herkunftsdörfern. Die Abwanderung aus dem tief katholischen Milieu in die als lotter- und lasterhaft wahrgenommene Hauptstadt hat bei nicht wenigen die religiöse Bindung noch vertieft und
bildete eine Art Schutzzone. Meine Großmutter sprach ständig vom
lieben Herrn Jesus, und in der ganzen Wohnung roch es penetrant
nach einem Gemisch aus Weihrauch und Knoblauch (den ich folglich
über Jahrzehnte verschmähte). Gewählt wurde, wenn überhaupt, die
katholische Zentrumspartei, wie man es vom Eichsfeld her kannte. In
Deuna gab es erst 1893 einen einzigen Mann, der sich getraut hatte, der
SPD seine Stimme zu geben. Das Zentrum war und blieb im Eichsfeld
bis 1933 die stärkste Partei.

Wie gläubig auch immer (oder immer weniger) sie gewesen sein mögen: Einige Zuwanderer aus Deuna, die der gleichen Generation wie
Eduard und Sophia angehörten, kann man als Aufsteiger bezeichnen.
Die Demmes und die Schlichtings, die um 1880 nach Berlin gekommen waren, wurden Bauunternehmer, Hausbesitzer, Kohlenhändler
und zuliefernde Kleinunternehmer. Zu den Aufsteigern gehörten auch
zwei Grebings: Ignaz Adam Grebing (geboren 1858), ein Bruder von
Sophia, und Franz Grebing (geboren 1863), ein Bruder von Eduard. In
der nächsten Generation gab es dann auch schon angestellte Kaufleute
und Lehrer.

Eduard war und blieb Maurer, der nach Feierabend das unbrauch-
bare Bauholz sammelte und nach Hause brachte, und ein bisschen
war er eben auch Ladenbesitzer – die Arbeit taten freilich Sophia und
die Kinder. War er deshalb ein Loser? Oder gar ein verhinderter Aufsteiger? Einfach ‚Ja‘ zu sagen, passt nicht. Vom Charakter jähzornig
und sanftmütig zugleich, zeigte er Lebensart; sonntags trug er einen

Bratenrock mit steifem Chemisett (Hemdenbrust), nahm seine Enkel-
tochter an die Hand und sagte zu ihr: „Komm, Brigittchen, wir holen
uns jetzt eine Zigarre." Und danach gingen wir zum Mariannenplatz,
wo die anderen schon warteten. Er hatte auch Züge eines Lebensphi-
losophen: Söhne und Neffen spielten Karten, er sah zu, sie forderten
ihn auf, mitzumachen. Er antwortete: „Nee, Jungs, da geht mir die Zeit
zu schnell vorbei." Er saß im Hinterzimmer, die Ladenglocke klingelte,
ein Kunde! Eduard blieb sitzen, der Neffe machte ihn aufmerksam, er
blieb sitzen mit der Bemerkung, er wolle erst seine Geschichte zu Ende
erzählen. Tat es, stand auf, ging in den Laden. Nicht überliefert ist, ob
der Kunde noch da war. Ja, so war Eduard, mein Opa, noch immer
höre ich sein sanftes „Da kommt ja das Brigittchen", wenn der Sonn-
tagsbesuch mich von Pankow in die Manteuffelstraße führte.

Eduard starb am 16. November 1936, und Sophia folgte ihm am
2. August 1937. Der Kummer über den Tod des von allen ihren Kindern wohl am meisten geliebten Sohnes Franz hatte ihre Krankheiten
verschlimmert. Zu meinem sechsten Geburtstag am 27. Februar 1936
schenkten sie mir eine Tasse – es gibt sie noch –, und Oma Sophia
schrieb mir einen Brief dazu:

Berlin den 26.2.36
Liebe Helga!
Ich gratuliere Dich zu Deinem heutigen Geburtstag und wünsch Dir
alles Gute vor allem die Gesundheit. Liebe Helga! Ich schenke Dir
hiermit eine Tasse zum Andenken, wenn wir mal nicht mehr sollten
sein und wenn Du aus der Tasse Kaffee tringst doch noch mal an uns
denkst. Nun muss ich Dir auch an Herz legen vergiß Deinen lieben
Papa nicht der war doch zu gut zu Dir bei mir vergeht kein Tag das
ich nicht an Ihn denke. Nun sei nochmal recht herzlich gratuliert und
gegrüßt von
Deiner Oma und Opa.
Viele Grüße an Mutti

Franz Grebing

Franz Alfons Grebing wurde am 10. Mai 1899 in der Zorndorferstraße als zweites Kind nach dem Bruder Karl geboren. Wie noch öfter wird Eduards jüngste Schwester Veronika Elisabeth, das Fronchen, geboren 1867 natürlich in Deuna, nach Berlin gerufen worden sein, um Sophia und Eduard zur Seite zu stehen. Bereits am 21. Mai wurde Franz in der katholischen St. Pius-Kirche getauft. Das erste seiner noch vorliegenden Schulzeugnisse aus dem Jahr 1907, da war er acht Jahre alt, vermerkt zwei Lobe und in allen Fächern ein „Gut". Dabei blieb es bis zur Schulentlassung im März 1913, mit einigen Varianten: mal in Geschichte und Erdkunde ein „Sehr gut", mal in Gesang und Turnen ein „Genügend"; nur auf einem Zeugnis findet sich der Vermerk „mußte 2 mal nachbleiben".

Was Franz unmittelbar nach der Schulentlassung tat, ist wenig konkret. Er war im März 1914 als Schüler auf der Städtischen Pflichtfortbildungsschule für Kaufleute, die er, wie aus dem Entlassungszeugnis vom März 1916 hervorgeht, drei Jahre, also ab März 1913, besucht hat. Auch auf diesem Zeugnis steht für alle Fächer die Note ‚gut'. Franz hatte also eine Lehre als Handlungsgehilfe absolviert, und zwar als Expedient. In dieser Familie war das der erste kleine Schritt ‚nach oben'. Nur Bruder Otto folgte ihm später; alle anderen Geschwister blieben, wo immer und als was sie tätig waren, ‚Ungelernte'.

Kaum war die Ausbildung beendet, da wurde Franz am 23. Juni 1916 gemustert und dann am 5. September 1917 als Landsturmrekrut eingezogen. Bereits am 29. Oktober 1917 wurde der inzwischen mit Karabiner 98 ausgebildete, 1,63 Meter große Rekrut zur „Anfangsfliegerschule Elbing" beziehungsweise Fliegerhorst Elbing versetzt. Das war für meine Grebings eine kleine Sensation – die überlieferten Fotos vermitteln denn auch den Eindruck eines stolzen jungen Fliegers. Viel wird er nicht mehr geflogen sein – und dann auch nur als 2. Mann, also als Beobachter. Als der Krieg zu Ende war, wurde aus der Fliegerschule der „Mobile Fliegerhorst Elbing (Grenzschutz)" und Franz als Lagerverwalter in der Schirrmeisterei beschäftigt, bis er am 30. April 1919 „aus dem Heeresdienst" entlassen wurde.

Was danach kam, kann ich mir nur zusammenreimen: Vergebliche Versuche, unter den Bedingungen der Demobilisierung im erlernten

Franz Grebing als Flieger, 1917

Beruf Arbeit zu finden, schließlich blieb nur übrig, für Eichsfelder ja nicht ungewöhnlich, ,auf den Bau' zu gehen. Bei wem? Nun eben auch bei den Schlichtings, Hesses und Demmes, den erfolgreichen, im Eichsfeld gebürtigen Berliner Hoch- und Tiefbauunternehmern. (Noch 1945 gab es in Berlin-Pankow in der Crusemarkstraße 24 eine Firma Hesse & Demme, für die ein Heinrich Demme, ein Josef Demme und ein Architekt Eduard Demme als Unternehmer bezeichnet wurden.) Nichts ist darüber bekannt, wie der Handlungsgehilfe fachlich zu einem mit, wie damals noch üblich, eigenen Werkzeugen ausgerüsteten Maurer wurde; irgendwann setzen seine Prinzipale ihn dann als Bauführer, also Polier, ein. Auch da blieb er bei seinen von den auf dem Bau arbeitenden Menschen abweichenden Gepflogenheiten: Er trank kein Bier (höchstens einmal zur Tarnung Malzbier). Dass er Schweizer Käse auf einer Schmalzstulle bevorzugte, das hatte mit dem Maurerdasein wohl nichts zu tun.

Vorstellen kann man sich indessen schon, dass und warum Franz der beste Sohn seiner Eltern wurde und den Geschwistern Respekt abnötigte, indem er nämlich das immer etwas chaotisch wirkende Familienleben, wenigstens vorübergehend, in eine gewisse Ordnung brachte. Nur einmal schien der Mustersohn in den Augen seiner Eltern auf die schiefe Bahn geraten zu sein: 1925 löste er seine Verlobung mit einer katholisch Gläubigen und wandte sich der evangelischen, aus Westpreußen stammenden 22-jährigen Marta Schoen zu. Für Mutter Sophia war der doppelte Bruch mit der katholischen Lehre – Lösung des Eheversprechens und Anbandeln mit einer Evangelischen – eine schwere Sünde. Noch herrschte ja, übrigens in beiden christlichen Konfessionen, Glaubenskrieg: Für Katholiken waren die Evangelischen ‚des Teufels' und für die Evangelischen alle Katholiken ‚falsch'. Sophia tat alles ihr Mögliche, ihren Sohn vor dieser Sünde zu bewahren, und zog alle Register der ihr gegebenen kleinen Gemeinheiten auf. Zunächst war das evangelische Mädchen für sie vollkommen Luft; noch die Trauung am 5. März 1927 suchte sie zu verhindern, indem sie Eduard, der Trauzeuge sein sollte, einfach nicht weckte, sodass er den Trauungstermin verpasste und das Brautpaar sich buchstäblich einen Zeugen ‚von der Straße' holen musste. Ein wenig erträglicher wurde für Sophia die falsche Liaison, als sich das Paar ein Dreivierteljahr später von der katholischen Kirche den Segen geben ließ, und das auch noch in der St. Hedwigs-Kathedrale! Aber so weit sind wir ja noch gar nicht!

Marta Schoen

Sie kam am 24. April 1903 in Haltenau bei Nakel an der Netze, Kreis Wirsitz, Bezirk Bromberg in Westpreußen, heute Polen, zur Welt. Als ich im Sommer 2005 die Gegend kurz besuchte, fand ich das wieder, was ich mir immer vorgestellt hatte: wirklich strahlend blauer Himmel, hellweiße Kumuluswolken, hellgelbe Weizenfelder, die naturhaft dahin fließende Weichsel, die man mit einer alten, klapprig wirkenden Fähre überquerte. Voraussetzungen für eine schöne Kindheit, denkt man. Im Fall von Marta ganz das Gegenteil. Auf ihrer Geburtsurkunde steht Marta mit ‚h'; sie selbst schrieb ihren Vornamen stets ohne dieses ‚h' (wie ich es weiter tun möchte). Als Mutter steht auf dieser Urkunde

„unverehel. Arbeiterin Pauline Schoen". Die Rubrik ‚Vater' blieb leer. Blieb es bis zum Tod von Pauline im Jahre 1946. Nie erfuhr Marta, wer ihr Vater war, ich folglich auch nicht, wen ich mir als meinen Großvater mütterlicherseits hätte denken können. Martas Familie schwieg eisern oder wusste nichts. Da wäre vielleicht doch der Schluss erlaubt, dass der Vater ein Verwandter war? Oder ein Dienstherr oder vielleicht doch der jüdische Schneidergeselle, wie gemunkelt wurde?

Als Marta geboren wurde, war Pauline, geboren am 30. September 1870 als erstes Kind ihrer Eltern, fast 33 Jahre alt, und Marta war nicht ihr erstes uneheliches Kind. Ernst Schoen wurde acht Jahre früher geboren, da war sie 25 Jahre alt, und ihre Mutter bekam gerade ihr letztes Kind. An Ernsts Vater erinnerte sie später sehr wohl, beispielsweise mit der Bemerkung, „er sehe seinem Vater sehr ähnlich". Martas Grosseltern Paul Schoen, 1843 geboren, katholisch getauft, und seine Frau Auguste, 1849 geboren, evangelisch getauft, waren Landarbeiter auf dem Gut einer polnischen Gräfin. 1920 votierten sie für die deutsche Staatsangehörigkeit und zogen nach Berlin, wo die meisten ihrer Kinder bereits lebten; sie starben beide im Jahre 1931.

Pauline ließ ihre unehelichen Kinder bei ihren Eltern – auf ein Kind mehr oder weniger kam es dort ja nicht an. Vielleicht war sie bei der evangelischen Taufe von Marta am 7. Juni 1903 noch dabei, vielleicht auch nicht mehr, und kehrte dann nach Berlin zurück, wo sie als Kindermädchen arbeitete. 1909 oder 1910 holte sie Marta nach Berlin; inzwischen hatte sie den aus Schlesien stammenden Bierkutscher August Heimann geheiratet und zwei Söhne geboren. War es der Schulanfang, war es die Aussicht, eine Betreuerin für die kleinen Söhne griffbereit zu haben, wenn sie ihrer Arbeit am allerfrühesten Morgen oder späten Abend als Wäscherin der Bierwagen nachging? Darüber kann man nur spekulieren. Diese unliebenswürdige, lieblose Großmutter, die ich erst mit 14 Jahren kennenlernte, habe ich nie leiden mögen. Deshalb traue ich ihr alles Schlechte zu.

Das Leben im Hause Heimann – sie wohnten in der Nähe der Warschauer Brücke – muss für Marta einer Tortur gleich gekommen sein, vor allem, weil der Stiefvater die Heranwachsende auch sexuell belästigt hat. Dennoch: Marta war eine gute Schülerin, eine besonders gute sogar. Das einzige von ihr überlieferte Zeugnis vom 30. September 1916 – Marta war also 13 Jahre alt – verzeichnet die Note „sehr gut" für die Fächer Deutsch/Aufsatz, Geschichte, Erdkunde, Gesang, für die Kopfnoten Betragen, Aufmerksamkeit und Häuslicher Fleiß sowieso, alles andere war „gut" oder „genügend". Zusammen mit diesem Zeugnis erhielt sie vom Schulinspektor der 122. Gemeindeschule eine „Prämie als Anerkenntnis ihres Fleißes und guten Betragens". Es war ein Buch mit Friedrich Schillers Balladen und dem Schauspiel *Wilhelm Tell*; es handelte sich um das Schillerbuch der Deutschen Dichter-Gedächtnis-Stiftung. Für mich war es später die erste Berührung mit der deutschen Literatur.

Ostern 1917 war die Schule zu Ende, und Marta hatte trotz guter Zeugnisse keine andere Wahl, als das zu tun, was Mutter und Tanten vor ihr hatten tun müssen: Dienstmädchen zu werden. Dabei hatte sie endlich ein wenig Glück. Eine jüngere Schwester ihrer Mutter, Ida Schoen, spätere Sperrhack, diente als Köchin in einem gediegenen Berliner Haushalt und besorgte Marta die Stelle bei ihrer ‚Herrschaft'. Zwar musste Marta als Zimmermädchen das Übliche tun, aber begrenzt und immer weniger; der Hausherr, ein Arzt, war blind und ließ sich von Marta täglich die Zeitung und was ihn sonst noch interessierte vorlesen. Es lässt sich vermuten, dass sie dabei viel gelernt hat. Und nicht minder dann auch, als sie später einige Zeit als Kindermädchen in einer Berliner Fabrikanten-Familie arbeitete und auf deren Reisen das ihr so ganz und gar fremde westliche Deutschland kennenlernte.

Den für sie folgenreichsten Schritt machte sie 1922: Am 18. Dezember begann sie bei der Firma Alfred Ransmayer & Albert Rodrian als Kontrollarbeiterin. Wie viele junge Frauen damals scheint die bald 20-Jährige die ‚Freiheit' der Fabrikarbeit der persönlich direkt abhängigen Tätigkeit eines Dienstmädchens vorgezogen zu haben, der bessere Lohn lockte ebenfalls und das Zusammensein mit Gleichaltrigen nicht minder. Damals hat sie sich wohl auch von der Mutter getrennt (und ist dieser erst 1944 wieder begegnet); damals wurde auch ihr Interesse an der sozialdemokratischen Arbeitersportbewegung geweckt.

Aber was tat eine Kontrollarbeiterin? Die Firma Ransmayer & Rodrian war eine weltweit bekannte Fabrik für die Herstellung von Drucktypen für Schreib- und Rechenmaschinen, 1899 gegründet, mit späterem Standort in Berlin SO 16, Köpenicker Straße 113 (Nähe S-Bahnhof Jannowitzbrücke) und ist heute noch, nun in Berlin-Neukölln, tätig. Eine Kontrollarbeiterin hatte zu überprüfen, ob die maschinell gestanzten

Mit den Eltern im Bürgerpark Pankow, Winter 1930/31

Typen fehlerlos waren; sie sah also die Typen spiegelbildlich, natürlich auch die Zeichen anderer Sprachen und Schriften als die in Europa geläufigen. Keine anregende Arbeit, denke ich. Aber Marta blieb ihr mit Unterbrechungen bis 1945 treu. Bücher aus der Werksbibliothek und gelegentliche Theaterbesuche, vermittelt durch die Volksbühne, werden ihren Kopf „de-typisiert" haben.

Die Firma Ransmayer & Rodrian wurde ihr Schicksal: Eine gleichaltrige Arbeitskollegin, Margarete (Gretchen) Grebing (später Elter), war die Schwester von Franz Grebing. Und es kam, wie es millionenfach gekommen ist auf der Welt: Auf einer Geburtstagsfeier von Gretchen lernten sie sich kennen und wurden schließlich ein Paar. Marta wohnte, als sie sich einander ‚versprochen' hatten, in der Dresdener Straße 53 in einer Art (wie man heute sagen würde) Appartementhaus, und zwar an der Stelle, wo die Dresdener Straße auf die Oranienstraße trifft. Es gab kleine Wohnungen mit einem oder höchstens zwei Zimmern, Toilette und Wasser auf dem Flur, keine Küche also, aber eine kleine Kochgelegenheit im Zimmer. In dem Haus wohnte auch Martas Tante Martha, eben jene, die gleichaltrig war mit Martas Halbbruder Ernst, mit Mann und Kind. Marta und Franz lebten in dieser kleinen Wohnung in einem sogenannten Bratkartoffelverhältnis, das heißt nach der Arbeit kam er zu ihr, sie hatte das Abendessen vorbereitet, meist, so ihr Bericht, schlief er nach dem Essen bald ein, müde von der Bauarbeiterknochenarbeit. Am 29. August 1926 verlobten sie sich und am 5. März 1927 heirateten sie.

Was die beiden miteinander verband, ist so schwer nicht zu bestimmen. Sie ergänzten sich: er ein wenig leichter und optimistischer dem Leben zugewandt, sie ernst und vernünftig, und beide wollten sie weiter kommen, irgendwie, auf eine gediegene Weise. Dazu passte, dass sie im Pankower Neubaugebiet eine Hauswartstelle (samt Wohnung) zusätzlich zu ihrer werktäglichen Arbeit übernahmen. Warum ich erst drei Jahre nach der Heirat auf die Welt kam, mag viele Gründe gehabt haben: Wollten sie erst ,etwas geworden' sein? Hatten sie von der familiären Vielkinderei genug? Das traf dann nicht nur auf sie zu, denn Eduards und Sophias acht Kinder ,schenkten' ihren Eltern gerade mal sechs Enkel (zu ihren Lebzeiten sogar nur zwei). Gab es gynäkologische Gründe, wovon ich später hörte? Wie immer es auch gewesen sein mag: Ab Donnerstag, den 27. Februar 1930, gegen 5.00 Uhr morgens war ich in Berlin-Pankow in der Brixener Straße zu finden, und Marta setzte erst einmal mit der Arbeit bei Ransmayer & Rodrian aus.

1930 bis 1935

Der beste Vater der Welt

Franz, mein Vater, war liebevoll in Gesten und Taten, und er konnte oder lernte alles: Den Kinderwagen schieben, was ja damals noch ganz unüblich war, meine Ohren, die er manchmal „Kohlblätter" nannte (sie standen und stehen etwas ab), waschen, damit man in dem angeblich dort angehäuften Sand nicht „Mohrrüben säen" konnte; die Nase putzen, wenn wieder einmal „die Lichter brannten", das heißt der Rotz aus der Nase floss (und putzen, das hieß: nicht mit dem Taschentuch, der sogenannten Rotzfahne, sondern mit Klopapier, das gleich im Mülleimer landete); er ließ es zu, dass ich ihm, den Nachttopf in der Hand, begeistert aufs Klo folgte; er gab mir die Milchflasche, die „Pulle", die er auch zubereitet hatte (die genoss ich lange aus praktischen Gründen, denn sie überbrückte die Zeitlücke zwischen dem Aufbruch der Eltern aus der Wohnung, um zur Arbeit zu fahren, und dem Abholen durch Tante Mi, der ‚Tagesmutter', wie sie damals natürlich noch nicht hieß). Er sang mit mir, was schon einmal zur Folge haben konnte, dass ich auf seinen Knien sitzend in der S-Bahn den im Text veränderten Schlager sang: „Ach, Liebling, du bist so schauderhaft" (statt „zauberhaft"), und neben uns saß eine etwas arg aufgemachte junge Blondine – er bekam rote Ohren; er tanzte mit mir nach der Radio-Musik (jeder von uns hatte einen Kopfhörer oder einen Teil davon am Ohr); er spielte mit mir und schimpfte gar nicht, sondern tröstete mich, wenn ich mich wie er rasieren wollte, mir bei dem Versuch mit der Rasierklinge in die Finger schnitt und ein unsägliches Gebrüll losging, das ich heute noch in den Ohren habe. Er begann, mir das Schwimmen beizubringen, obwohl ich Anzeichen von Wasserscheu deutlich zum Ausdruck brachte – zum Baden ging die kleine Familie samt anderen Verwandten im Sommer sonntags an den Tegeler See, wie es sich für die kleinen Leute, die etwas auf sich hielten, gehörte.

Franz war wirklich ein Alleskönner. Er konnte alles, was ein Maurer können musste, obwohl er das Handwerk gar nicht erlernt hatte, und erklärte mir stolz, wofür er seine Werkzeuge brauchte – die Kelle vor allem und die Wasserwaage, und zeigte mir seine mit Mörtel bespritzten Hände. Er konnte auch Schuhe besohlen und hatte dazu die Leisten, die Holznägel, die Hämmer. Er konnte auch ein Radio basteln – einen Detektor mit Kopfhörern, wie sie damals gerade hergestellt wurden. Er konnte mit einem großformatigen Fotoapparat „Bilder knipsen" und sie dann auch noch selber entwickeln (in der Speisekammer als Dunkelkammer, aber auch in der Küche mussten wir uns mit Kerzenlicht begnügen). Er war ein begeisterter Radfahrer; für sein Rad konnte er die Karbidlampe, die so entsetzlich stank, aufladen und natürlich alles, was anstand, flicken, und er liebte die Berliner Sechstagerennen. Mit Marta teilte er die Mitgliedschaft in der Volksbücherei (wenngleich sie hier eindeutig den Ton angab). Er rauchte interessante Pfeifen, in die er für die ‚kleine Nase' seiner Tochter wohlduftenden Tabak stopfte. Er konnte Nudelteig kneten und aus dem Teig interessante Stücke schneiden, die dann sogar schmeckten, wenn sie gekocht waren. Schließlich und endlich: Ich hatte einen Vater, der wirklich fliegen konnte – wer, frage ich heute noch, hatte das schon?!

Als während der Weltwirtschaftskrise das Baugewerbe in Deutschland bis zu teilweise 90 Prozent die Arbeit einstellen musste, wurde auch Franz arbeitslos; Marta dagegen arbeitete bald wieder bei der Exportfirma Ransmayer & Rodrian. Also führte er den Haushalt und versorgte die Tochter, ging mit ihr einkaufen und war manchmal ratlos; „alles dasselbe in Grün", brummte er dann. Jahrzehnte lang habe ich immer wieder einmal darüber nachgedacht, was das wohl hatte heißen sollen; nun weiß ich es endlich: Opel hatte zwischen 1924 und 1931 ein kleines Auto produziert, das dem bereits auf dem Markt befindlichen Citroën fast plagiathaft ähnelte; während der Citroën stets gelb blieb, wurde der Opel grün lackiert.

Beide Elternteile waren sich offenbar über die Erziehung ihrer Tochter einig. Um es gleich vorweg zu sagen: ‚Verhauen' wurde das Kind nie; später hat die Mutter äußerst selten an die heranwachsende aufmüpfige Tochter einen ‚Katzenkopf', das heißt eine kleine Ohrfeige verteilt. Auf Puppen und Puppenwagen reagierte die Tochter so recht nicht, weder auf die alte ‚Kumkarre' (Karre mit Kasten), die der Vater himmelblau angestrichen hatte, noch auf den blitzblanken neuen Puppenwagen, der dann folgte. Sie wollte es mit Büchern zu tun haben, was sie wohl ihren Eltern absah. Also wurde vorgelesen, natürlich der *Struwwelpeter*, dann die Geschichte von der Nixe Melusinchen und das

Mit den Eltern
in Pankow, 1935

Liederbuch über *Peterchen Mürrisch und Roderich Brumm* (das aus der Tradition der österreichischen Arbeiterbewegung stammte). Klug reagierten die Eltern auch auf die lästige Weigerung des Kindes, wenn es bei einem Besuch der Großeltern in deren Bett schlafen sollte. Schließlich war das Kind bereit, seine Weigerung zu begründen: „Es riecht so anders!" Das nächste Mal wurde Bettzeug von zu Hause mitgebracht.

Manchmal ging der Vater sonntags mit dem Kind in die Kirche. Aber das passte diesem auch nicht so ganz: So viele Leute, sehen konnte es nichts, so viel Reden, Singen und Klingeln, von dem es aber auch rein gar nichts verstand. Erst auf den Schultern des Vaters war die Neugier zu stillen. Meistens fuhren Vater und Tochter sonntagvormittags, wenn es das Wetter erlaubte, mit dem Fahrrad von Pankow nach SO 36 zu den Großeltern – Marta wollte in Ruhe den Haushalt besorgen und das Mittagessen richten, Franz nach den Eltern schauen. Das war einfach toll: Die ‚Teufelskappe' (Wollmütze mit einer Spitze auf der Stirnmitte) aufgesetzt, die mit (Kunst-) Pelzrändern versehene Motorrad-Brille auf die Nase, das warme, kamelhaarartige Mäntelchen angezogen und den dicken Schal um den Hals, vorne auf den Kindersitz gesetzt, und fertig war die Rennfahrerin. Angekommen in der Manteuffelstraße 72 machte Eduard die Tür auf, hatte schon mal einen großen schweren eisernen Kochtopf in der Hand und freute sich über die hereinmarschierende, nein, nicht Helga, sondern über das „Brigittchen". Wie das?

Auf meiner Geburtsurkunde, datiert 28. Februar 1930, also ausgestellt einen Tag nach meiner Geburt, steht: Helga Brigitte Grebing. Ein Kompromiss: Die Eltern wollten den damals modischen Vornamen Helga als ersten Namen, die Großeltern den treu-katholischen Vornamen Brigitte. Franz erklärte seinen Eltern, er habe die Reihenfolge verwechselt; das nutzte insofern nichts, als die Großeltern einfach bei Brigitte blieben. Am 3. August 1930 wurde das Kind in der St. Georgs-Kirche in Berlin-Pankow katholisch getauft. Jetzt waren Eduard und Sophia zufrieden, auch mit ihrer Schwiegertochter, die ja damit die Zustimmung zur katholischen Erziehung gegeben hatte.

Franz und Marta: Aufsteiger in der „Volksgemeinschaft"?

Franz und Marta waren zwar keine Aufsteiger, schon gar nicht in eine andere ‚Klasse', aber sie sahen sich doch wohl innerhalb ihrer Schicht als zu deren besseren Teil gehörend. Franz verdiente 1934/35 monatlich etwas über 200 Reichsmark (RM), Marta etwa 150, zusammen also 350 oder wöchentlich 87,50; sein Stundenlohn, berechnet für 48 Stunden pro Woche, lag mit 1,06 RM weit über dem damaligen Nominallohn der gewerblichen Arbeiter und entsprach dem Stand von 1928, also vor der Weltwirtschaftskrise. Ihr kleiner Wohlstand äußerte sich in der Wahl ihrer und ihrer Tochter (Sonntags-) Kleidung. Ob der Pelzkragen, den Marta trug, wirklich dem Fell eines Opossums (wie sie später angab) entstammte, mag dahingestellt bleiben; aber für die große Zahl der Oberhemden, des Sonntags auf den Ehebetten verstreut, aus denen Franz sich in einem Geduld erheischenden Verfahren eines aussuchte, dafür gibt es noch eine Zeitzeugin, seine Tochter Helga Brigitte. Auch die Möblierung der Wohnung nahm moderne Züge an, wenngleich auch erst einmal das halbe Zimmer der Anderthalbzimmer-Wohnung möbliert an einen älteren Herrn vermietet wurde.

Franz und Marta dachten an mehr. Kurz war der Traum (wenn es denn einer gewesen ist), entstanden in der Weltwirtschaftskrise, mit dem Bruder Otto und dessen Frau Grete nach Chile auszuwandern, wo Siemens gerade Fuß fasste. Nein, sie strebten etwas anderes an: das eigene Haus. Im Siedlungsneubaugebiet von Miersdorf bei Zeuthen im damaligen Kreis Teltow (heute: Dahme-Spreewald) hatten sich Martas Tante Martha und deren Ehemann Erich Wuttig nebst Tochter Ingeborg bereits 1928 niedergelassen. Dort kauften Franz und Marta Anfang 1935 ein Baugrundstück im Heidewinkel. So abwegig war das Vorhaben ja nicht, wenn man bedenkt, dass Franz und sein Vater Maurer waren, Bruder Otto, der sich inzwischen in Staaken bei Berlin als Kleinhausbesitzer niedergelassen hatte, und Schwager Willi Elter, der seit 1930 Ehemann von Schwester Margarete war, und andere Verwandte sich als Hilfskräfte eigneten.

Jedenfalls hätte die Baustelle eines Tages ein ordentlicher Bau werden können, wenn alles nicht ganz anders gekommen wäre. Als ich vor wenigen Jahren das Grundstück endlich in Augenschein nehmen konnte, hat mich eines allerdings verblüfft. Zur Volksschule wäre für mich der Weg einfach und kurz gewesen. Aber wie wollten die Eltern, fragte ich mich, den Weg zum Bahnhof Zeuthen, von wo sie nach Berlin zu ihren Arbeitsstätten hätten fahren sollen, jeden Morgen, sechsmal in der Woche bewältigen? Mit dem Fahrrad oder zu Fuß bei jedem Wind und Wetter, 20 Gehminuten bestimmt? Marta musste später von einer günstigeren Wohnlage in Miersdorf aus bereits um 5.30 Uhr das Haus verlassen, um pünktlich den Arbeitsbeginn um 7.00 Uhr bei Ransmayer & Rodrian zu erreichen; damals musste man noch bis Berlin-Grünau mit dem Dampflokomotiven-Zug fahren und dann in die S-Bahn umsteigen. Und abends nach 16.45 Uhr dasselbe zurück! Was um Himmels Willen hatten Franz und Marta sich bei alldem gedacht? Die Frage lässt sich nicht genau beantworten; sicher spielten frische Luft, grüne Wiese, Wandern im Wald voller Beeren und Pilze eine Rolle, auch später zogen die Grebings ja mit allen Anhängen des Sonntags durch die Gegend, und schließlich gab es in Miersdorf einen See zum Baden und Schwimmen! Freizeit – das hieß eben für Arbeiter: Raus ins Grüne.

Es sieht so aus, als hätten Franz und Marta mitten im Führerstaat ihr privates Glück geplant und sich dabei in die volksgemeinschaftliche Kurve gelegt. Dieser Schein trügt. Die Grebings blieben katholisch und besprachen sich, dem Vorschlag eines Verwandten zu folgen und statt des erwarteten „Heil Hitler!"-Grußes das unter Katholiken, wenn auch nicht in Berlin, übliche „Grüß Gott" zu benutzen. Marta, sozialdemokratisch gefärbt, hatte Franz in den letzten freien Wahlen der Republik dazu bestimmen können, abweichend von der Familientradition, ebenfalls SPD zu wählen. Beide glaubten wohl auch, dass sich die Hitler-Diktatur nicht lange halten würde, obwohl sie ja miterlebt hatten, dass die Arbeiterbewegung zerschlagen worden war. Noch jahrelang spielte ich, meinem bürokratischen Tick schon damals gehorchend, mit kleinteilig perforierten Din-A4-Bogen, die abwechselnd die Aufschrift ‚ja' oder ‚nein' trugen. Die Frage, wozu die Zettel denn gebraucht würden, blieb trotz wiederholten Nachhakens von meiner Mutter murmelnd unbeantwortet. Viel später wurde mir klar: Das waren Bogen, die für Abstimmungen in den Gewerkschaften benutzt wurden. Die Betriebsratsvorsitzende, die Kollegin Eichel, hatte sie meiner Mutter für mich gegeben und sie so wenigstens vor der unmittelbaren Vernichtung gerettet.

Max Tittel, der Ehemann von Tante Mi, der Tagesmutter, war ein echter Kommunist, wie auch Franz' jüngste Schwester Gertrud; er erklärte mir 1933, dass ich nunmehr den Rot-Front-Gruß mit der erhobenen Faust der linken Hand nur noch in der Wohnung zeigen sollte und draußen auf der Straße den anderen, den rechten Arm hoch und schnell wieder herunternehmen müsse. Ob das so klug war? Es führte nämlich dazu, dass ich jeden uniformierten Nazi unaufgefordert auffällig freundlich grüßte. Bei uns wusste man von Anfang an, dass es Konzentrationslager gab, wie sonst hätte die Vierjährige Tante Mis grässlicher Schwiegermutter – groß, schwarz gekleidet und mit einem schwarzen Regenschirm ausgerüstet–, als diese wieder einmal ihre Schwiegertochter beschimpfte, androhen können: „Großmutter, wenn Du noch einmal Tante Mi ärgerst, sorge ich dafür, dass Du ins Konzertlager kommst." ‚Konzertlager' war die verdeckte Bezeichnung für KZ. Dass Juden in Deutschland verfolgt wurden, wussten wir auch: So wohnte Fräulein Cohn einige Zeit bei einer Verwandten von uns, bis sie wahrscheinlich, hoffentlich emigrieren konnte. Später im Krieg flüsterten die Erwachsenen einander zu – weil ich es nicht hören sollte und doch hörte –, dass Soundso immer noch im KZ sei, obwohl sich doch sein Sohn, um den Vater zu retten, freiwillig zur Waffen-SS gemeldet habe. Es gibt auch Erinnerungen, die in eine entgegengesetzte Richtung laufen. Ich weiß nicht, ob sich die Erwachsenen einen Spaß mit mir machten, ich es aber ernst meinte – es hätte auch umgekehrt sein können: meine Führerreden im ‚Rundfunk'. Ausgestattet mit der SA-Mütze und dem Koppelgürtel eines angeheirateten Verwandten verschwand ich in die Küche, die Tür wurde abgeschlossen, und ich redete – den Führer nachahmend – durchs Schlüsselloch. Ich wüßte so gerne, was ich gesagt habe!

Dies alles sind keine harten Belege. Deshalb noch ein anderer, soliderer Versuch, das Verhalten der Grebings im „Dritten Reich" zu entschlüsseln. Meine Verwandten väterlicher-, aber auch mütterlicherseits waren mehrheitlich un- oder angelernte Arbeiter und Arbeiterinnen, einige Facharbeiter, ganz wenige Angestellte, alle hatten nur die achtklassige Volksschule absolviert, sie waren überwiegend katholisch, aber es bestanden drei konfessionelle „Mischehen". Soweit evangelisch getauft, waren sie keine Kirchgänger; meine Mutter Marta war sogar ausgesprochen anti-kirchlich eingestellt. Keiner und keine wurde nach 1933 und erst recht nicht davor Mitglied der NSDAP. Nur ein Angeheirateter, der bald wieder aus der Familie verschwand, trat in die SA ein, weil er sich davon berufliche Vorteile versprach. Alle gehörten, weil sie es mussten, wenn sie Arbeit hatten, der Deutschen Arbeitsfront (DAF) an; an „Kraft durch Freude"-Reisen oder Ähnlichem nahm keiner teil, ‚aufgestiegen' war keiner, höchstens verbesserte sich die Lohn-, Arbeits- und manchmal auch die Wohnsituation ein wenig.

Von den vier Kindern in der Familie, die 1940 bis 1945 zwischen zehn und 14 Jahren alt waren, gelang es dreien, sich dem HJ-Dienst zu entziehen, nur ein Mädchen gehörte den Jungmädeln beziehungsweise dem BDM an, und das war ich. Im Krieg wurden von den sieben wehrpflichtigen Männern drei „uk" (unabkömmlich) gestellt, weil sie in Rüstungsbetrieben arbeiteten; vier wurden eingezogen und verblieben auf den unteren Rängen. Von diesen vier kamen drei im Krieg um (Franz' Brüder Karl, Otto und Erhard), einer desertierte kurz vor Kriegsende (Franz' Bruder Max). Mein Fazit lautet: 1. Sie waren alle keine Helden, wollten und konnten keine sein, blieben alle ‚unten' und anständig; 2. „Volksgemeinschaft" – das war die ideologische Verschleierung der Zustände der alten Klassengesellschaft zugunsten der sich selbst privilegierenden (klein-) bürgerlichen Mittelschichten.

Der Tod des Vaters

Montag, 18. März 1935, Görschstraße 19, Seitenflügel links, dritter Stock, 6.30 Uhr: Die Mutter ist schon aus dem Haus; der Vater beugt sich, schon in Maurerarbeitskleidung und die dunkelblaue Schirmmütze auf dem Kopf, über das Bett der Fünfjährigen: „Schlaf noch ein bisschen, bald holt dich Tante Mi ab." Tante Mi wohnt gegenüber und kommt wie an jedem Werktag, der so verläuft wie die meisten Kindertage: Spielen im Gartenhofsand, Spazieren gefahren werden im Kinder-Sportwagen... Endlich ist es 17.00 Uhr und der Vater würde

Die Wohnung der Grebings in der Görschstraße 19, Seitenflügel links, 3. Obergeschoss in Berlin-Pankow, Foto von 2012

Auf dem Balkon in der Wohnung Görschstraße 19 in Berlin-Pankow, 1935

mich abholen; seine Baustelle liegt in der Nähe, mit dem Fahrrad etwa
20 Minuten entfernt. Aber Verzögerungen gibt es bei der Arbeit auf
dem Bau eigentlich immer, und ganz pünktlich kann er nur selten sein.
Um 17.30 Uhr ist er immer noch nicht gekommen, vielmehr holt mich
die Mutter ab, als sie uns nicht zu Hause vorfindet.

Um 18.30 Uhr klingelt es endlich an der Wohnungstür; so schnell
ich kann, renne ich zur Tür, rufe schon „Papa", mache die Tür auf: Vor
mir steht ein Polizist in grüner Uniform, Tschako auf dem Kopf. Er
berichtet der Mutter von einem Unfall, nein, nicht auf dem Bau, sondern auf der Straße, während der Heimfahrt. Der verunglückte Franz
Grebing sei ins Rudolf-Virchow-Krankenhaus eingeliefert worden.
Tante Mi wird geholt, bringt mich ins Bett. Mutter fährt ins Krankenhaus und erfährt den Befund: Beckenbruch und „offene Kniegelenks-
verletzung", also ein schwerer Unfall, aber nichts Lebensbedrohliches.

Was war geschehen? Ich zitiere aus dem Urteil der 31. Zivilkammer
des Landgerichts Berlin vom 27. November 1935:

*Der Ehemann der Klägerin zu 1) und der Vater der Klägerin zu 2),
der Maurer Franz Grebing, fuhr am 18. März 1935 die Badstrasse in
Berlin in südlicher Richtung entlang. Er wollte unter Überquerung der*

Badstrasse nach links in die Stettinerstrasse einbiegen und wurde, als er die Badstrasse zum Teil überquert hatte, von dem ihm in der Badstrasse entgegenkommenden Personenkraftwagen, den der Beklagte führte, angefahren. Dieser Wagen schleifte ihn ein Stück mit an die rechte Bordschwelle; hierdurch wurde der Ehemann der Klägerin zu 1) gegen einen dort stehenden Baum gequetscht.

Das Gericht kam nach der Einvernahme von vier Zeugen zu dem Ergebnis, dass Franz Grebing und dem Kraftfahrer, dem Fabrikanten Walter Eisenhuth, die Schuld an dem Unfall „zu gleichen Teilen zur Last gelegt" wurde. Grebing habe die Vorfahrtsrechte des Kraftfahrers „nicht ausreichend berücksichtigt". Er habe aber das Einbiegungsmanöver in der vollkommen freien Badstraße „ordnungsgemäß angekündigt". Der Kraftwagen fuhr mit erhöhter Geschwindigkeit (60 Kilometer pro Stunde) auf die Kreuzung zu, bremste dann ab, sodass Grebing annehmen konnte, der Kraftwagen wolle ihn durchlassen, dann aber gab dieser „rücksichtslos" wieder Gas und erfasste den nur noch anderthalb Meter von der Einmündung in die Stettiner Straße entfernten Radfahrer und quetschte ihn gegen den Baum.

Mittwoch, 20. März 1935, vormittags. Ich spiele wieder im Gartenhof im Sand, die Sonne scheint, wie an Vorfrühlingstagen nicht selten. Da kommt Onkel Max Tittel und fragt mich, wie denn die Firma heiße, in der meine Mutter arbeite. Den Namen, der so lustig klingt, kenne ich natürlich: Ransmayer & Rodrian. Offensichtlich soll sie benachrichtigt werden – worüber? Marta und ihre Schwägerin und Arbeitskollegin Grete Elter eilen ins Krankenhaus. Franz im Fieberwahn will aufstehen, zur Arbeit gehen, wie er sagt. Und dann stirbt er. Auf dem Totenschein des „Standesamtes Rudolf-Virchow-Krankenhaus" steht: „Unmittelbare Todesursache Gasbrandinfektion". Gasbrand ist eine Infektion durch Erreger, die überall vorkommen können (in der Erde, in organischen Abfällen, auf der Haut und im Magen- und Darmtrakt), in eine Wunde eindringen, Muskelzellen zerstören und im nekrotischen Gewebe Kohlendioxid entstehen lassen, das ein Gasödem verursacht. Tausende von Verwundeten im Ersten und Zweiten Weltkrieg starben an dieser Infektion, wenn tiefe, schlecht durchblutete Wunden vorlagen. Offene Frakturen (wie bei Franz) galten und gelten als besonders gefährdet. Der Krankheitsverlauf ist dramatisch und meist tödlich. Gliedmaßenamputationen und Behandlung mit Antibiotika (die es damals noch nicht gab) gelten heute als therapeutische Maßnahme. Der Tod erfolgt durch ein Multi-Organversagen. Wenn man will, kann man sagen, dass der noch nicht 36 Jahre alte Franz Grebing doppeltes Pech hatte: erst die Irritation durch den Kraftfahrer beim Linksabbiegen und danach die Entscheidung der Ärzte, eine Amputation nicht zu versuchen.

Der Prozess wurde zu Ende geführt. Der Witwe wurde eine Hinterbliebenenrente zugesprochen, der Halbwaisen ebenfalls, auch über das 15. Lebensjahr hinaus, obwohl der Rechtsanwalt des mitschuldigen Fabrikanten argumentiert hatte, dass es in den Kreisen, denen der Verunglückte angehört hatte, „nicht üblich" zu sein pflege, „dass die Kinder noch jahrelang nach der Schulentlassung eine besondere mit Aufwendungen verbundene Ausbildung erhalten". Die ‚Schusterkinder' sollten also nach Auffassung des Fabrikanten bei den Leisten ihrer Väter bleiben.

Mit der Mutter in Pankow, 1936

1935 bis 1940

Warum Miersdorf?[4]

Seit dem 20. März 1935 setzt bei mir die Erinnerung aus, wohl nichts Ungewöhnliches. An meinem Ohr gingen die flüsternden Stimmen der Erwachsenen vorbei: Wir nehmen sie besser nicht mit zur Beerdigung. Nach der Beerdigung – alle sind sie tief schwarz gekleidet – geht eine der schwarz gekleideten Tanten mit mir zum Kaufmann gegenüber und kauft mir, was ich haben möchte: Lakritze, und die ist bekanntlich auch schwarz. Meine Erinnerung setzt erst Monate später wieder ein. Es ist Sommer; ich lebe jetzt bei Tante Martha (Wuttig, geborene Schoen), meiner nur um wenige Jahre als meine Mutter ältere Großtante, in Miersdorf/Kreis Teltow, Müggelstraße 3. Mutter wohnt noch in Berlin-Pankow, kommt am Wochenende nach Miersdorf, was damals hieß: Sonnabendnachmittag bis Sonntagabend oder auch schon mal bis Montag in aller Herrgottsfrühe. Jeden Sonnabend stehe ich auf der Spitze des Hügelchens, Heideberg genannt, und warte, meistens eine Stunde zu früh, dass unten am Saum des Hügels meine Mutter erscheint und ich ihr entgegenlaufen kann. Immer hatte ich Angst oder doch wenigstens Sorge, auch sie würde nicht mehr kommen, so wie mein Vater nicht mehr kam. Geblieben ist mir aus dieser Zeit, dass ich fast überall zu früh auftauche, und schwerwiegender: Verlustängste. War es einmal wunderschön in einer Beziehung zu einem anderen Menschen, gleich ob Mann oder Frau, fürchtete ich sogleich, dass alles bald wieder zu Ende sein könnte.

Tante Martha konnte mich wirklich gut betreuen (natürlich gegen Kost und Logis für mich, was sie bei ihrem flatterhaften Mann gut gebrauchen konnte), und sie betreute mich handfest und freundlich bestimmt, wie sie war. Und sie hatte eine Tochter, Inge, sechs Jahre älter als ich, die auf mich aufpassen sollte. Das gelang ihr nicht immer, und sie behauptet heute noch, dass sie meinetwegen viel Ärger mit ihrer Mutter gehabt und manche „Dresche" bekommen habe. Anfang 1936 war das Hin und Her zu Ende. Mutter und ich zogen in eine Anderthalbzimmer-Wohnung in Miersdorf, Parkstraße 9 und zwei Jahre später in die Potsdamer Straße 13. Beide Wohnungen hatten fließendes

Wasser und eine Toilette mit Wasserspülung, aber kein Badezimmer. So blieb es bei der üblichen Reinigungszeremonie am Sonnabend in der Wanne, die in die Küche geholt wurde und in der sonst die Wäsche gewaschen wurde. In den Zimmern gab es Kachelofen und in der Küche einen Kohleherd und später noch dazu einen zweiflammigen Gaskocher. Kein Luxus, gewiss nicht, aber ganz ordentlich. Wie damals üblich, jedenfalls in Arbeiterkreisen, wurde das kleine Zimmer das ‚gute‘ und das große das Schlafzimmer, in dem auch die Kleiderschränke standen. Gegessen wurde selbstverständlich in der Küche.

Miersdorf wurde nun meine Heimat – bis ich 1949 ‚abhaute‘. Das Dorf ist heute ein Ortsteil von Zeuthen. Zeuthen liegt am Rande des Teltow, eines Plateaus aus der Eiszeit, und am Ufer des Zeuthener Sees, der von der Dahme, früher Wendische Spree genannt, durchflossen wird. Der Name Zeuthen (schütten, Schotter) verweist auf einen slawischen Ursprung; im 7. und 8. Jahrhundert hatten sich slawische Siedler entlang des Sees niedergelassen, die Fischerei und Bienenzucht betrieben. Miersdorf dagegen hatte einen deutsch-slawischen Mischnamen, abgeleitet von „mir" (Frieden), und entwickelte sich mit 40 Hufen und einer Kirche zu einem Bauerndorf. Im 15. Jahrhundert setzte ein

Potsdamer Straße 13 in Miersdorf, Ende der 1930er-Jahre

Wüstungsprozess ein, hervorgerufen durch Missernten, Krankheiten, Bauernlegen durch Adlige und Kriege. Nach dem Dreißigjährigen Krieg blieben nur noch wenige Höfe übrig – und die Kirche, gebaut im 13. oder 14. Jahrhundert als Wehrkirche im Wesentlichen aus Feldsteinen; 1710 wurde sie erneuert, später umgebaut, wobei der Turm erhöht wurde.

Die jüngere Geschichte von Zeuthen beziehungsweise Miersdorf begann Ende des 18. Jahrhunderts: 1789 erhielt Friedrich Hankel ein Grundstück in Erbpacht und errichtete am Ufer des Zeuthener Sees eine Ablage für Holz und Steine, fortan „Hankels Ablage" genannt und durch Theodor Fontanes *Wanderungen durch die Mark Brandenburg* bekannt. Nach 1870, in den Gründerjahren, zog es viele Berliner Kaufleute an das Ufer des Zeuthener Sees, wo die ersten Villen entstanden, die noch heute vom Wohlstand ihrer Besitzer zeugen. Begünstigt wurde diese Entwicklung dadurch, dass bereits 1866 die Eisenbahn von Berlin, Görlitzer Bahnhof, nach Görlitz fuhr und eine Haltestelle „Hankels Ablage" hieß. Um die Wende vom 19. zum 20. Jahrhundert begannen Berliner Immobilienmakler, darunter ein 1863 von dem Baumeister und Architekten Alfred Schrobsdorff gegründetes Unternehmen, Grund und Boden zu kaufen, zu parzellieren, Bebauungspläne zu erstellen, Straßenführungen zu planen und die Grundstücke zu verkaufen. Erst in den 20er-Jahren begann die Besiedlung, zunächst in Zeuthen, dann auch in Miersdorf, das 1900 erst 500 Einwohner hatte, 1931 aber bereits 1.200 und 1939 4.258 Einwohner. Zu den Miersdorfer Siedlern gehörten auch Teile der bereits erwähnten mütterlichen Verwandten: Erich Wuttig, der im Postdienst tätige Ehemann von Martas Tante, stellte am 25. April 1928 einen Antrag für ein Siedlungshaus auf dem Grundstück Müggelstraße 3; das Grundstück hatte er bereits 1926 oder 1927 gekauft. Zeuthen galt als ‚reichere' Gemeinde – hier wohnten Unternehmer, Kaufleute, höhere Beamte, auch erfolgreiche Künstler (wie eine Zeitlang Leni Riefenstahl); Miersdorf dagegen war ‚rot' – hier siedelten Arbeiter und Angestellte, vor allem aus Berlin; genauer aus dem südlichen Berlin, noch genauer vor allem aus Neukölln, so auch die Wuttigs und die Exlers, die Besitzer des Hauses Potsdamer Straße 13, und so mancher Bekannte von ihnen; es war wie eine Koloniegründung.

Kirche und sowjetisches Ehrenmal in Miersdorf, 1990er-Jahre

Die Schule war ihr Leben

Ostern 1936 wurde ich eingeschult. Die Mutter musste am Einschulungstag arbeiten, aber Tante Martha und eine große Schultüte vertraten sie gut. Zu Anfang des ersten Schuljahrs brachte Tante Martha mich täglich auf den Weg in die Schule – immerhin war eine gute halbe Stunde zu laufen, wenn man nicht trödelte. Immer öfter nahm mich Großcousine Inge auf dem Fahrrad in die Schule mit. Später fuhr ich selber mit dem Fahrrad. Das war entschieden angenehmer, denn im Sommer begann die Schule bereits um 7.00 Uhr und endete um 12.00 Uhr, im Winter beides eine Stunde später. Das lag wohl darin begründet, dass es in Miersdorf immer noch drei Bauern gab, deren Kinder für die Erntearbeit gebraucht wurden. Bald konnte ich mein Frühstück selbst richten; es bestand aus vorgekochten Milchsuppen, die ich mir auf dem Gaskocher warm machen musste: Haferflocken, Mehl, Gries, eingebrockter Zwieback. Nach der Schule versorgte mich zunächst Tante Martha, später musste ich mich selbst versorgen, überwiegend

Einschulung in Miersdorf,
April 1936

mit den Resten des Vortages. Denn warm gegessen wurde erst abends, wenn Mutter von der Arbeit nach Hause gekommen war, meist nach 18.00 Uhr. Außer sonntags gab es irgendeinen Eintopf, immer mit viel Gemüse und wenig Fleisch.

Die Kleidung war schon aus Kostengründen einfach, oft der damals übliche Baumwoll-Trainingsanzug, dessen Hosen im Winter, wenn sie vom Schnee durchnässt waren, steif froren. Schuhwerk waren Jesus-Latschen, zu Hause Holzpantoffeln, im Winter Stiefel aus hartem, un-gefütterten Leder, die, obwohl gut eingewachst, dennoch nicht wasser-dicht waren und im harten Winter Frostbeulen an den Zehen entstehen ließen. Nach der Schule zu Hause war es geboten, sich noch einmal umzuziehen, um die Schulkleidung zu schonen. Die Haare blieben kurz, an lange, leicht rotblonde Zöpfe war nicht zu denken, weil mir ja niemand morgens beim Flechten helfen konnte; aber mir lag auch nicht viel an solchem Kopfputz. Kränklich war ich oft: Schnupfen, Halsschmerzen, aber außer Masern, Windpocken und Ziegenpeter nichts Gravierendes. Ich wuchs langsam, blieb klein und schmächtig, das Mundwerk allerdings wuchs schneller.

Die Schule – eine vierklassige Volksschule, in der nur der erste und der zweite Jahrgang getrennt unterrichtet wurden, wurde nun zum Inhalt meines kleinen Lebens. Meinen Namen in Druckbuchstaben konnte ich schon vor Schulbeginn schreiben; eines meiner Lieblingsgerichte war die Buchstabensuppe; die Phase des typisch Berlinerischen Verwechselns von ‚mir‘ und ‚mich‘ hatte ich schon hinter mich oder mir, obwohl meine Mutter mein Angebot, nachdem sie mich dauernd korrigiert hatte, nicht annehmen konnte: „Sagen wir doch einfach in der Woche ‚mir‘ und am Sonntag ‚mich‘.“ Lange vergessen war auch die Zeit, in der mir so gar nicht die Haare wachsen wollten, und Großmutter Sophia klagte, ich würde vielleicht dumm bleiben, weil ich meine Aufmerksamkeit zwar mit zum Teil strengen Blicken auf meine Umwelt richtete, aber darüber nicht sprechen wollte. Ich denke, ich wollte verstehen und erst dann reden.

Schwierigkeiten hatte ich in der Schule keine, jedenfalls erinnere ich keine außer, dass mir nicht einleuchtete, dass man das ‚h‘ im Ortsnamen Zeuthen nicht sprechen sollte, und warum ‚e‘ und ‚i‘ zu ‚ei‘ werden sollten. Statt der Sütterlin-Schrift eines Tages lateinische Buchstaben zu verwenden, machte mir Spaß; als ich den Lehrer fragte, warum wir die neue Schrift lernten, erklärte er, wir würden eines Tages die Welt beherrschen und da schrieben alle lateinische Buchstaben. Aus späteren Zeiten, als ich etwa zwölf Jahre alt war, ist mir nur noch als fürchterliche Schlappe in Erinnerung geblieben, dass ich im Diktat ausgerechnet den Begriff ‚Revolution‘ falsch schrieb, nämlich „Revulotion“. Das erste Zeugnis, datiert am 8. Oktober 1936, lautete: „H. ist sehr fleißig und aufmerksam. Ihre Leistungen sind gut. Ihre Handschrift ist sehr gut.“ So ging es denn weiter: Alles war „gut“, nur Musik und Nadelarbeit tendierten zwischen „genügend“ und auch schon einmal „mangelhaft“, bis der Lehrer der Sache ein Ende bereitete, indem er im Zeugnis vermerkte, ich sei „unmusikalisch“; mit der Nadelarbeit wurde es langsam immerhin „befriedigend“. Die jeweiligen zusätzlichen Bemerkungen gipfelten in: „Helga macht in jeder Beziehung Freude.“ Und (so im Oktober 1940): „Mutter kann auf ihr

1. Klasse der Miersdorfer Schule: Helga Grebing (2. Reihe, 2. v.r.) und Joachim Stoff (1. Reihe, 4. v.l.), 1936

Töchterlein stolz sein." Zunehmend machten die Zeugnisse deutlich, dass die Lieblings-Leistungsfächer der Schülerin Deutsch, Geschichte und Erdkunde waren – wie einst die ihrer Eltern.

Zu Weihnachten 1936 hatte ich meinen ersten öffentlichen Auftritt. Das kam so: Inges Schulunterricht begann bereits um 7.00 beziehungsweise 8.00 Uhr, meiner dagegen um 9.00 oder 10.00 Uhr; so ging ich denn mit ihr ins Schulhaus mit und in den Unterricht der 2. Klasse hinein. Da besprachen dann einmal Lehrer und Schüler miteinander, was sie zur Schulweihnachtsfeier beitragen könnten. Ich hörte mir das eine Weile an, dann meldete ich mich und erklärte, ich könnte auch etwas, nämlich die Geschichte von Rotkäppchen und dem bösen Wolf erzählen. Sogleich wurde eine Probe meiner Erzählkunst erfragt, die ich bestand. So stand ich dann im Dezember 1936 in der Gaststätte „Zur Mühle" auf der Bühne – angestrahlt vom Licht, in den dunklen Zuschauerraum blickend – und erzählte das bekannte Märchen. Glücklicherweise hatte meine Mutter entschieden, dass ich nicht als Rotkäppchen verkleidet auftreten sollte, sondern eben als Erzählerin, in ‚Zivil', in einem dunkelblauen Kleid mit weißem Kragen. Es muss wohl alles gut gelaufen sein, denn seither vertrat die Dorfschneiderin Frau Piefke – sie hieß wirklich so – die Auffassung, ich würde bestimmt einmal Schauspielerin werden. Sie musste es ja wissen, denn ihr Schwiegersohn gehörte als Geiger dem Orchester der Berliner Philharmoniker an. Meine Lehrer waren durchweg vielleicht nicht gute Pädagogen, aber Menschen, die ihren Beruf gerne ausübten. Waltraud Marx begann in der Miersdorfer Volksschule 1936 den Unterricht mit 15 Jungen und 23 Mädchen. Wir alle liebten sie, holten sie sogar von ihrer Wohnung ab, wenn sie zu uns zum Unterricht aufbrach. 1938 wurde sie dann leider nach Brandenburg versetzt. Hauptlehrer und zugleich Küster, Kantor und Organist war Georg Palmié, 1877 in Stargard in Pommern geboren, seit 1909 in Miersdorf tätig, unterbrochen durch den Militärdienst 1914 bis 1918. Mitglied der NSDAP wurde er erst 1935. Ich erinnere mich an ihn als einen gütigen, väterlichen Menschen, wenngleich auch er manchmal den Rohrstock gegenüber den Jungen in Tätigkeit setzte. Kamen wir mit nassen Füßen in der Schule an, mussten Schuhe und Strümpfe ausgezogen werden, damit sie in Ofennähe, die Schuhe mit Papier ausgestopft, trocknen konnten. Wollte eine Schürf- oder Schnittwunde am Knie oder sonst wo nicht heilen, forderte Mutter mich auf, den Herrn Palmié zu fragen, wie sie zu behandeln sei. Ab April 1936 gab es für die eben Eingeschulten, von ihm angeregt, ein Sparbuch bei der Schulsparkasse; bis 1942 hatten sich durch Einzahlungen von nur einer Reichsmark alle 14 Tage 142 RM angesammelt, die sukzessive auf das Sparbuch der Sparkasse des Kreises Teltow übertragen wurden. Im Unterschied zum gütigen Palmié war Otto Botzelmann ein scharfer Hund: 1898 in Luckenwalde geboren, Mitglied des Nationalsozialistischen Kraftfahrerkorps (NSKK) und der SA, hat er seine Zöglinge häufig verprügelt oder anderen Erziehungsmaßnahmen unterworfen. Aber er war ziemlich klug und einfallsreich im Unterricht; er sei, sagte man, 1945 oder einige Jahre danach in Richtung Westen ,abgehauen'. Schließlich ist noch Theodora Hurttig (1893–1965) zu erwähnen, die 1938 von Wildau nach Miersdorf auf die Stelle von Waltraud Marx versetzt wurde. Sie war eine echte ,Nazisse'; stolzierte sie ins Klassenzimmer, riss sie den rechten Arm in die höchste ihr mögliche Höhe und brüllte militärisch scharf „Heil Hitler".

Da ich fast alles schneller begriff als die meisten meiner Mitschüler, erfanden meine Lehrer für mich ‚Nebentätigkeiten‘ wie zur Post gehen, Salmiakpastillen kaufen, ja sogar gelegentlich der Klasse Rechenaufgaben stellen und dabei auch Lob und Tadel verteilen, während Botzelmann den *Völkischen Beobachter*, den ich vorher besorgt hatte, in einer Ecke des Klassenzimmers sitzend las. Einmal fand sogar er, dass die Strafen, die ich verteilte, zu hoch ausgefallen waren. Während mir das Lehrer-Sein Spaß machte, war ich immer ganz ängstlich, wenn ich mit dem Taschenmesser ausgerüstet in den Schulgarten geschickt wurde, um die Ruten zu schneiden, mit denen meine Schulkameraden verhauen werden sollten. Nicht, dass die mir besonders leid taten, aber es konnte für mich fatale Folgen haben. Denn nach dem Unterricht drohte mir Prügel von den Bestraften. Da war es dann manchmal Achim Stoff, der mich auf die Lenkstange seines Fahrrades setzte und mich, alle Gefahrenpunkte umkreisend, nach Hause fuhr – ich war wirklich, wie er auch heute noch immer wieder bekräftigt, seine erste große Liebe. Später organisierte ich eine aus älteren Mädchen bestehende Hilfstruppe, die mich bei Gefahr nach Hause brachte und auch schon mal die angreifende Jungenbande verkloppte. Außer Achim kannte ich noch besonders gut Gerda Richter, eine Bauerntochter, die im Fach Nadelarbeit meine kläglichen Versuche, beispielsweise die Ferse eines Wollsockens zu stricken, korrigierte und mit unglaublicher Geschwindigkeit ein Stück weiter brachte, wenn sich die Lehrerin in einer anderen Ecke des Lehrraumes, in dem sich mehrere Klassen befanden, aufhielt. So gelang es mir, die Zeugnisnote von „mangelhaft“ auf „befriedigend“ zu verbessern. Meine Gegenleistung für Gerda erbrachte ich in den Fächern Deutsch und Rechnen. Von Gerda bezog ich außerdem Naturalien, von anderen Schülern, denen ich weiterhalf, später Lebensmittelmarken.

Wen wundert es jetzt noch, dass die Lehrer sich, mich und meine Mutter damit beschäftigten, was aus mir wohl werden sollte. Lehrer Botzelmann besorgte mir, als ich zehn Jahre alt war, eine Freistelle in der Jungen-Oberschule in Königs Wusterhausen, zwei Eisenbahnstationen von Zeuthen entfernt. Meine Mutter hielt das für übergeschnappt; denn nach dem Abitur käme für mich ein Studium nicht in Frage. Hauptlehrer Palmié dagegen war für den Besuch der Lehrerbildungsanstalt, wie es damals noch üblich war: Vier Jahre nach der

Volksschule, sodass man mit 18 Jahren Junglehrer sein konnte. Meine Mutter, allzu großen Hochsprüngen abgeneigt, hätte mich am liebsten als Auslandskorrespondentin, Abteilungsleiterin in einer Krankenkasse oder Bürovorsteherin einer Anwaltskanzlei gesehen. Ich selber hatte andere Pläne oder Träume: Ich wollte Professor werden und dachte auch schon an eine Sekretärin, nämlich an meine Aufpasserin Inge Wuttig. Beide Bezeichnungen schrieb ich, wohl acht Jahre alt, orthografisch falsch auf das ‚Dokument', das noch erhalten ist: Prossor und Sekreterrin.

Wie kommt eine in ‚unseren Kreisen' auf eine solche Idee, die dann auch noch drei Jahrzehnte später Wirklichkeit wurde? Es war Tante Martha, die mehr als einmal mit Kopfschütteln registrierte: „Unsere Helga wird noch einmal Professor", wenn ich, kaum nach der Schule zu Hause, mich sofort an meinen kleinen Schreibtisch (ein kleiner Küchentisch mit Schubkasten und Ablage) setzte, um zu lesen, zu kritzeln und natürlich meine Schulaufgaben zu machen, die meine Mutter nie kontrollierte, zu kontrollieren brauchte. Tante Martha arbeitete im Haushalt eines höheren Richters, in dessen Haus auch schon mal Professoren auftauchten.

Lehrer Otto Botzelmannn, 1935   Lehrer Georg Palmié, 1935

Schlüsselkind-Leben

Ich war ein Schlüsselkind. Davon ist mir geblieben, dass ich, ein in manchen Dingen fast überflüssig ordentlicher Mensch, während meines ganzen Lebens Schlüssel, vorzugsweise Wohnungs-, aber auch Auto- und Kofferschlüssel, verloren, verlegt, gesucht, vergessen habe, also eine Art Widerstand gegen den Besitz von Schlüsseln entwickelte. Sieht man hiervon ab, war es in der Kindheit so, dass ich früh eine Menge nützlicher Dinge gelernt habe, wenn auch allerdings nicht das Kochen. Ich wusste, um nur einiges anzudeuten, wie man das Feuer im Kachelofen anmachte, nämlich vorzugsweise mit getrockneten Tannennadeln, und die Kohlen am Glühen hielt, bis die Ofentür geschlossen werden konnte. Etwas schwieriger war es, den Küchenherd, der ja auch die Küche, meinen bevorzugten Aufenthaltsort – hier stand der Schreibtisch – heizte, nicht ausgehen zu lassen. Im Gartenstück, das uns der Vermieter zur Verfügung gestellt hatte, wusste ich einigermaßen Bescheid mit Kohl-, Salat- und Bohnensorten und Gewürzen, auch das Spargelstechen gelang. Ich konnte helfen, das Gemüse einzuwecken und später aus Zuckerrüben Sirup zu kochen. Tiere in der Wohnung mochte die Mutter nicht, also ‚betreute‘ ich die Hunde und Katzen der anderen Leute und begnügte mich mit den Kaninchen, die im Hühnerhof in einem Stall so lange lebten, bis sie grobe Männerhände schlachteten und geschickte Frauenhände zum Verzehr präparierten. Seither esse ich kein Kaninchenfleisch. Futter zu besorgen für die Kaninchen war manchmal nicht einfach, vor allem dann, wenn das Gras feucht mit der Sichel zu schneiden war. Und natürlich musste der Stall wöchentlich ausgemistet und mit neuer Streu versehen werden. An dem Abpumpen der Jauche aus der Sickergrube auf die Gartenflächen versuchte ich mich – zumeist erfolgreich – nicht zu beteiligen. Sprengen und gießen machte ich dagegen mit.

Viel Zeit zum Spielen hatte ich eigentlich nicht. Kinder in meinem Alter, die in der Nähe wohnten und mit denen ich mir die wenige Zeit hätte vertreiben können, gab es in unserem Teil der Siedlung nicht, sie waren entweder älter oder jünger. So verbrachte ich meine Zeit meist alleine (was sich nach dem zehnten Lebensjahr, wie noch zu beschreiben sein wird, erheblich änderte) und entwickelte mich dabei zu einem ‚kleinen Biest‘. Mutter hatte die Angewohnheit, immer ein paar

Groschen in ihre Mantel- oder Jackentaschen zu stecken; in Abständen suchte ich die Taschen durch und requirierte vorsichtig einige Münzen. Sie versteckte Schokolade der Marke „Feodora" unter der Wäsche im Kleiderschrank; hier passierte das gleiche – immer vorsichtig, um nicht durch unverhältnismäßige Begierde die Quelle versiegen zu lassen. Ob meine Mutter meine ‚Schandtaten' je bemerkt hat, weiß ich nicht; an Krach deswegen kann ich mich jedenfalls nicht erinnern.

Manchmal hatte ich, eine ohnehin ziemlich mäklige Esserin, einfach keine Lust, das Restessen vom Vortag – oft Kohl aller Arten und ohne Ende – aufzuwärmen, sondern schmiss es in Papier eingewickelt auf den Misthaufen und kaufte mir mit den geklauten Groschen und dem Lebensmittelmarken-Honorar Kuchen oder Lakritze. Das war deshalb einfach, weil das Haus neben uns einen Kaufladen hatte, der dem Ehepaar Miermeister gehörte. Hier gab es alles, was Erwachsene brauchten und Kinder sich wünschten. Auch hier hielt ich mich zur Vorsicht an: Bloß nicht zu viel auf einmal kaufen. Eines Tages entdeckte Mutter auf dem Misthaufen meine Vernichtungsaktion. Es gab Verwarnungen, die nichts ausrichteten, denn von nun an spülte ich die unliebsamen Speisen in der Toilette runter. Die kleinen Aufgaben für mich im Haushalt hielten sich eigentlich in Grenzen, aber öfter habe ich aus Unlust vor dem Bettenmachen die Betten erst fünf Minuten, bevor Mutter nach Hause kam, einigermaßen ordentlich gerichtet.

Die ‚Kleine-Biest'-Natur hatte auch noch andere Seiten. Ich wurde immer hochmütiger und angeberisch: Die lieben Kleinen, denen ich mich hoheitsvoll zuwandte, hielt ich für noch ziemlich doof; die Älteren, darunter auch einige bereits Erwachsene, für offenbar nachhaltig blöde. Denen verweigerte ich sogar meinen Gruß. Nur wenige hatten vor meiner Arroganz Bestand; darunter die kleine pummelige, fünf Jahre jüngere Rita, die schon als Kind ein goldenes Herz hatte und es als Erwachsene behielt; als Mutter von sieben Söhnen hat sie noch heute viel menschliche Wärme für ‚Anhängsel' übrig. Unter den Erwachsenen war im Ranking allen anderen voraus Onkel Willi (Elter), der mental viel Ähnlichkeit mit meinem Vater hatte.

Auch das Schlüsselkind-Leben hatte seine Highlights. Zum Beispiel, wenn ich sonnabends allein – mit neun Jahren ging das schon – von Zeuthen mit dem Zug nach Berlin-Görlitzer Bahnhof fuhr oder mit Umsteigen in Berlin-Grünau mit der S-Bahn zum Alexanderplatz, wo meine Mutter mich erwartete und wir zum Beispiel zu Leiser Schuhe kaufen gingen. Aber am Schönsten war es, wenn im Sommer am Sonntag die Berliner Verwandten nach Miersdorf kamen: Jeder brachte seinen ,Braten' mit, die (Sättigungs-) Beilagen, vor allem die Kartoffeln, die noch geschält werden mussten, stellten wir. War gegessen, zog die Korona los zum Spazierengehen, das so manches Mal, was den Schritt anging, zum Wandern durch Wald und Flur wurde. Ein Hauch von Arbeiterbewegung ist mir von diesen Wanderungen in der Nase geblieben. Im Herbst und im Winter ging es andersherum; da fuhren Mutter und ich nach Berlin, meist zu Onkel Willi und Tante Gretchen, die auf ihre Weise allen Teilen der großen Familie Rückhalt gaben. An den Feiertagen zu Weihnachten, Ostern und Pfingsten traf sich die Familie natürlich auch – ohne jeden kirchlichen Bezug oder religiösen Anklang, höchstens mit einigen wenigen Anleihen an die üblichen Rituale. Die Feiertage waren einfach Urlaubstage geworden oder immer gewesen. Mutter war überdies eine scharfe Antiklerikale; sie traute weder Gott noch wohl erst recht nicht seinen Dienern. Noch für den Fall ihres Todes verbat sie sich jeden „kirchlichen Beistand", woran ich mich hielt, als sie 1991 starb. Stütze fanden Mutter und ich auch noch bei dem klugen Onkel Hans mit seiner bürgerlichen Frau

Mit Lieblingsvetter Erich Wimmers beim Volksfest Stralauer Fischzug, um 1938

Else; ihr Kennzeichen war: Sie besaß wirklich ein Esszimmer und spielte Klavier. Hans hatte der Mutter bei der Prozessführung nach Vaters Tod geholfen. Als ich ihn Jahrzehnte später, als er über 90 Jahre alt war, nach der ‚Wende' – er lebte im Ostteil der Stadt – fragte, wie er es gemacht hätte, so frisch so alt geworden zu sein, antwortete er: „Ich wollte noch einmal in meinem Leben SPD wählen."

Wenn Onkel Willi ein wenig Ersatz-Vater wurde, so war Erich (Wimmers), der Sohn von Vaters Schwester Hedwig, anderthalb Jahre älter als ich, mein Bruder. Viele Fotos beweisen, dass wir zeitweilig unzertrennlich waren, obwohl ich seine Vorliebe für Frösche, Kaulquappen und anderes schwimmfähiges Kleintierzeug nicht teilte, wohl aber die Lust, die Erwachsenen zu düpieren, zum Beispiel bei Familienfeiern unentdeckt (aber, was die Folgen anging, nicht unbemerkt) die kleinen Gläser auszulecken, aus denen die Erwachsenen den selbst gebrannten Schnaps getrunken hatten. In den Ferien hatte Tante Gretchen die meiste Arbeit mit mir. Da irgendetwas Urlaubsähnliches aus Geldmangel nie in Frage kam und Mutter ihre spärlichen Urlaubstage lieber zu Hause verbringen wollte, hatte Tante Gretchen, die nicht mehr zu arbeiten brauchte, weil Onkel Willi inzwischen gut genug verdiente, es übernommen, mir in den Sommerferien nach meinen Angaben das historische Berlin vertraut zu machen; vor allem wollte ich die Geschichte Preußens kennenlernen.

Mutter hatte wahrlich kein leichtes Leben, und sie machte es sich auch nicht leicht. Nur einmal war nach verschiedenen vergeblichen Versuchen der Schwägerinnen und vor allem der Tante Martha, sie wieder an den Mann zu bringen, um 1938/39 ein zweiter Mann konkret in Sicht. Onkel Gerhard R. war Besitzer eines Taxis am Bahnhof in Zeuthen. Er möbelte für mich ein altes Fahrrad wie neu auf; er nahm mich manchmal, wenn ein Fahrgast nichts dagegen hatte, in seinem Taxi mit und erzählte mir auf der fahrgastleeren Rückfahrt schöne Geschichten von Tieren. Hätte als zweiter Vater was werden können! Aber Mutter wollte nicht und gab ihm den Laufpass. Von Franz konnte und wollte sie sich nicht trennen; sie tat es ihr ganzes Leben lang nicht. Und sie brachte uns beide bis zu meinem 16. Lebensjahr, als ich mich finanziell selbstständig machte, ganz ehrbar über die Runden. Sie hatte bis 1945 immer Arbeit, verdiente wöchentlich zwischen 25 und 28 RM, also monatlich um 100 RM, je nach Überstunden; dazu kamen je 40 RM Witwen- und Waisenrente, also zusammen 180 RM. Die Kaufkraft dieser Summe in Euro bezogen auf das Jahr 1939 bedeutete umgerechnet 660 Euro. Die Wohnungsmiete betrug 38 RM, das waren fast exakt jene 20 Prozent, die 1937 als Anteil am Gesamteinkommen statistisch vorgegeben waren; hinzu kamen als fixe Kosten für Heizung, Beleuchtung etc. 18 RM. Es blieben also 114 RM für alles andere beziehungsweise wöchentlich ca. 28 RM. Große Sprünge waren damit nicht zu machen. Aber andererseits befanden sich am 14. April 1945 nach Abhebung von 500 RM noch 1.263 RM auf meinem Sparbuch, die ich nie wiedergesehen habe.

Mit Mutter und Cousine Inge Wuttig, um 1938

1940 bis 1945

Miersdorf und Zeuthen im „Dritten Reich"

1933 wohnten in Zeuthen vornehmlich Unternehmer, Kaufleute, Beamte aus Berlin, in Miersdorf dagegen überwiegend Arbeiter und
kleine Angestellte, ebenfalls aus Berlin. Die Wahlergebnisse brachten
dies andeutungsweise zum Ausdruck. Bei den Reichstagswahlen 1928
erhielt die SPD in Zeuthen 424 Stimmen (30,8 Prozent), die KPD 212
(15,4 Prozent), die DNVP 290 (21,1 Prozent), die NSDAP 10 (0,7 Prozent). In Miersdorf lauteten die Ergebnisse: SPD 218 (31,3 Prozent),
KPD 168 (24,1 Prozent), DNVP 134 (19,3 Prozent), NSDAP 16 (2,3
Prozent). Bei den Wahlen zúm Reichstag am 5. März 1933, also bereits
unter der Reichskanzlerschaft von Adolf Hitler, sah es schon anders
aus: In Miersdorf waren die beiden linken Parteien zusammen immer
noch stärker als die NSDAP; die SPD hatte 412 Stimmen (24 Prozent),
die KPD 468 (27,3 Prozent), die NSDAP 467 (27 Prozent) erhalten; in
Zeuthen dagegen lauteten die Zahlen: 417 (18,4 Prozent), 285 (12,6 Prozent), 967 (42,6 Prozent). Miersdorf war ‚rot' geblieben, Zeuthen ‚braun'
geworden. Eindrucksvoll war auch das Wahlergebnis in Wildau, dem
Produktionsstandort der Schwartzkopff-Lokomotiven und Nachbar-
ort von Zeuthen, wo am 5. März 1933 SPD und KPD zusammen mehr
Wählerstimmen erhielten als die NSDAP, nämlich 49,9 zu 28 Prozent.
Diese Ergebnisse entsprachen dem Gesamtergebnis im Kreis Teltow,
einem ausgesprochenen Vorortkreis von Berlin mit Tausenden von
Pendlern in die Hauptstadt: 30 Prozent der wahlberechtigten Bevölkerung wählten vor 1933 SPD, 12 Prozent KPD. Diese und ähnliche
Wahlergebnisse in weiteren Orten waren auch der Grund, weshalb im
Regierungsbezirk Potsdam die Tätigkeit der Gestapo sogleich massiv
einsetzte.[5]
  In Zeuthen hatte der SA-Sturm 11/80 bereits seit 1931 seinen Sitz,
1932 kam die HJ hinzu, nach 1933 die Reiter-SA und eine Segelflug-
Gruppe der Flieger-HJ. In Miersdorf dagegen gab es noch Ende Janu-
ar 1933 einen kleinen Aufstand der Erwerbslosen, der vor allem von
der KPD getragen wurde und sich auf die Forderung, endlich eine
Volks- und Notstandsküche einzurichten, konzentrierte. Es ging dabei

offenbar recht laut zu, und der Vorsitzende der Gemeindevertreter-versammlung brach die Sitzung ab. Erst acht Tage später konnte sie fortgeführt werden; diesmal mit vier Landjägern im Sitzungsraum.[6] Die Ergebnisse für die Gemeindevertreterwahl am 12. März 1933 be-stätigten das Bild: In Miersdorf erhielt die SPD 288 Stimmen, die KPD 350, die NSDAP 376; in Zeuthen 345, 195, 892. In Miersdorf vertrat der NSDAP-Ortsgruppenleiter Stadtinspektor Bruno Stendel neben zwei anderen Gewählten die NSDAP, die SPD hatte zwei Vertreter, darunter der Schmied Gustav Wenske, die KPD ebenfalls zwei, den Landwirt Richard Kramer und den Dreher Arnold Große. Bei der Einführung der Gemeindevertreter in ihr Amt am 7. April 1933 (die Kommunisten fehlten bereits) führten das große Wort erst der „Gemeindevertreter Pg. Steinbach" und danach der „Pg. Stendel". Die Versammlung klang „in einem dreifachen ‚Heil'-Ruf auf das neue Deutschland und seine Führer Hindenburg und Hitler aus".[7]

Bei den Wahlkampfreden der NSDAP-Parteigenossen fällt auf, dass sie die Bevölkerung ganz allgemein aufforderten, „mit Adolf Hitler für Freiheit und Brot gegen Marxismus und Bolschewismus zu kämpfen". Wenn es um konkrete politische Fragen ging, dann war es nicht die KPD, sondern die SPD, die man angriff als die Partei, „die bekannt-lich jahrelang den Regierungskurs in Deutschland bestimmt" habe, die vorgebe, die Interessen der breiten Volksschichten zu vertreten: „Aber das Volk glaubt ihr nicht mehr. Es sieht vielmehr mit Vertrauen und Hoffnung zu Adolf Hitler empor. […] Was die Sozialdemokratie mit ihrem Anhang jedoch in vierzehn Jahren vergeudet, verschleudert und zerstört habe, sei so ungeheuerlich, dass es nicht in vierzehn Tagen wieder herzustellen sei."[8]

Betrachtet man die Wahlvorschläge genauer und dabei besonders die Berufe der Kandidaten für die NSDAP in Miersdorf und in Zeu-then sowie in Königs Wusterhausen, so waren es Kaufleute, Ingenieure, Beamte, Angestellte, Mechaniker, Techniker, Schornsteinfegermeister, Schmiedemeister, Elektromeister, Dachdeckermeister, Architekten – alter gewerblicher Mittelstand und neue Mittelschichten pur! Und kaum ein Arbeiter. Dennoch passierte in Miersdorf und Zeuthen et-was, was eher ungewöhnlich war.

Miersdorf und Zeuthen hatten 1933 zusammen 4.688 Einwohner und bildeten eine Kirchengemeinde mit Kirchen in Miersdorf und in

Zeuthen. 3.622 Einwohner waren evangelisch, 297 katholisch getauft, 663 bezeichneten sich als Freidenker, 18 als Juden. Bei den Kirchenratswahlen 1933 wählten die evangelischen Gemeindemitglieder zu 80 Prozent Deutsche Christen (728 Stimmen) und 20 Prozent Bekennende Kirche (288). Sprecher der Deutschen Christen war der Ortsgruppenleiter der NSDAP Bruno Stendel, der wie auch seine Frau Käthe, die spätere NS-Frauenschaftsleiterin, 1932 in die NSDAP eingetreten war. In diesem Schwerpunkt der Deutschen Christen wurde nun im April 1933 der vom Konsistorium vorgeschlagene Werner Bechthold aus Marburg auf die vakante Pfarrstelle gewählt. Wer war Werner Bechthold? Um es vorweg zu nehmen: Er nahm mich 1942 nach dem Austritt aus der katholischen in die evangelische Kirche auf und konfirmierte mich. Aber das ist erst später wichtig. Bechthold wurde 1896 in Essen geboren und wurde im Ersten Weltkrieg als Offizier schwer verwundet (sein rechter Arm blieb steif). 1928 heiratete er die Vikarin Rosemarie Karow, geboren 1902 in der Nähe von Templin; sie war die Tochter des Berliner Superintendenten Emil Karow (Jahrgang 1871), der nach 1933 für kurze Zeit als Provinzialbischof für Berlin amtierte. Wie Karow gehörte auch Bechthold zur Bekennenden Kirche und hielt, wie sich im Laufe der Zeit zeigte, Verbindungen zu Pastor Martin Niemöller, Probst Heinrich Grüber und Präses Kurt Scharf. Bechthold galt als national-konservativ, und das mag den Deutschen Christen gefallen haben. Die Amtseinführung von Bechthold Ende April 1933 geriet denn auch zu einer Art nationalem Volksfest, das mit einer Kaffeetafel im Restaurant am Zeuthener See beendet wurde, auf der der Kirchenälteste, der NSDAP-Ortsgruppenleiter Stendel, das Lied *Der Lenz ist da* zum Besten gab.[9]

Bechthold war und blieb ein Mann der Bekennenden Kirche. Bereits 1934 wurde er verhaftet, weil er sich geweigert hatte, eine Predigt zum nationalsozialistisch umfrisierten Erntedankfest zu halten. 1937 wurde er sogar zweimal kurzfristig verhaftet wegen einer unerlaubten Kollekte. Im gleichen Jahr gelang es ihm auch, Niemöller am 22. Juni zu einer Predigt nach Zeuthen in die überfüllte Kirche zu holen. Bechtholds Sonntagspredigten wurden zeitweise vom Dorfpolizisten auf der Empore mitgehört. Der Amtsvorsteher von Zeuthen schrieb in seiner Eigenschaft als Leiter der Ortspolizeibehörde empört gleich nach Niemöllers Rede an den Landrat des Kreises Teltow, dass die Predigten der Vertreter der Bekennenden Kirche es verstehen würden,

„den Gegensatz Kirche / Staat auf ihre Art herauszustellen und dadurch Zweifel in die Gerechtigkeit und Gesetzmäßigkeit des heutigen Staates zu säen". Er bedauerte, dass sie dies so geschickt täten, dass es schwer sei, „zu einem strafrechtlichen Verfahren zu gelangen".[10]

Werner Bechthold blieb sich und seiner Kirche treu, während andere Kirchengemeinden und ihre Würdenträger sich anpassten, selbst wenn diese anfangs das NS-Regime nicht begrüßt hatten. Er blieb sich auch treu in der „zweiten Diktatur", der DDR. Erst 1964 schied er, dessen Familie sich um sechs Kinder (vier Töchter und zwei Söhne) erweitert hatte, aus dem Kirchendienst aus und übersiedelte nach Baiersbronn im Schwarzwald, wo er 1976 verstarb.

Kirchenkampf als nachhaltige Opposition – darüber hinaus kann wegen der Quellenlage über Widerstand und Opposition in Miersdorf und Zeuthen nicht mehr viel gesagt werden. Die Kommunisten haben zwar anfangs in beiden Orten versucht, Widerstand zu organisieren und Flugblätter und andere illegale Druckschriften unter die Leute zu bringen; aber Ortspolizei, Landjäger und SA erstickten die Aktionen und nahmen die bekanntesten Kommunisten fest. Und das wird sich wiederholt haben. Noch 1933 kam Robert Jahnke nach Miersdorf, nachdem ihm in Niederschöneweide, wo er eine Kneipe als Versammlungsort der KPD betrieben hatte, der Boden zu heiß geworden war. Er baute in Miersdorf ein Haus und eröffnete einen Wochenmarkt an der Amsel- / Ecke Teichstraße. Obwohl fast ständig von der Polizei beobachtet und überwacht, gelang es ihm, die eigenen Leute beisammen zu halten. Seine Taktik kam der der Sozialdemokraten nahe.[11] Die hatten sich in Zeuthen (für Miersdorf gibt es keine Hinweise) wie fast überall aus der Öffentlichkeit zurückgezogen, hielten untereinander Kontakt, machten hier und da kleine Konzessionen zur Tarnung, wie Beitritt zur Nationalsozialistischen Volkswohlfahrt (NSV) und Wechsel vom verbotenen Reichsbanner zum Stahlhelm; sie verloren teilweise ihre Arbeit, wurden kurze Zeit „in Schutzhaft" genommen und zeitweise überwacht. So seit Juni 1935, da sie Briefsendungen aus der Tschechoslowakei bekamen und welche dorthin sandten, offensichtlich, wie sich vermuten lässt, an Deckadressen der Grenzsekretariate der SPD. Das Postamt Zeuthen erhielt deshalb am 8. Juni 1935 die Anweisung, diese Briefsendungen „besonders zu behandeln", also zu öffnen und „gegebenenfalls der Staatspolizeistelle in Potsdam zuzuleiten".[12]

„Im Dienst" 1940 bis 1944

Am 20. April 1940 trat ich in den Bund Deutscher Mädel (BDM) ein, und zwar altersgemäß bei den Jungmädeln. Der Ernst des Lebens sollte beginnen, dachte ich. Schluss sollte sein mit dem einfältigen und nutzlosen Kinderleben, hoffte ich. Mutter hatte sich bemüht, mich von diesem Schritt zurückzuhalten, und mich davon zu überzeugen versucht, dass ich mich zurückstellen ließ: zu klein und schmal, zu viel zu tun im Haushalt, während sie arbeiten ging. Erfolg hatte sie natürlich bei mir nicht. Nun hatte ich dienstags und donnerstags ,Dienst', an einem Tag ,Heimabend', am anderen Sport. Von den Heimabenden ist mir noch in Erinnerung geblieben, dass wir viele Lieder lernen mussten, von denen einige mir noch heute gelegentlich im Kopf herumschwirren – dabei konnte ich doch gar nicht singen. Hinzu kamen das Vorlesen aus Büchern, Basteln, gelegentlich aus dem Stehgreif Theaterspielen, meist Märchen nacherzählend.

Inhaltlich ist nicht viel hängengeblieben, obwohl ich alle Bücher, wo immer ich sie fand, zu verschlingen versuchte. So las ich nicht nur Heinrich von Kleists Dramen oder in Büchern, die Mutter sich aus der Firmenbibliothek ausgeliehen hatte. Die sollte ich natürlich eigentlich

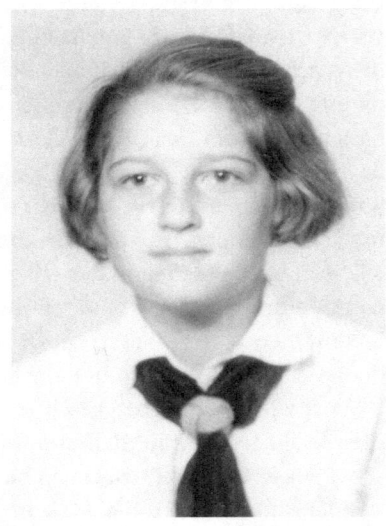

In BDM-Uniform, 1942

nicht lesen, aber meist konnte ich mir auf den Inhalt ohnehin keinen Reim machen. Zu meiner Lektüre gehörte auch das Reichsorganisationsbuch der NSDAP, das mir ein im Hause wohnender SA-Mann ausgeliehen hatte. Irgendjemand schenkte mir, weil ich doch so gerne las und es nichts anderes gab, ein Buch über das Generalgouvernement Polen. Am meisten reizten mich historische Bücher, von denen es allerdings in meiner Umgebung nur wenige zu entdecken gab, aber immerhin war darunter die Biografie von Friedrich II., dem Alten Fritz, aus der Feder des schottischen Schriftstellers Thomas Carlyle. Als ich später selbst Heimabende gestaltete, hat mich besonders die Schlacht bei Kunersdorf 1759, also während des Siebenjährigen Krieges, gefesselt: Sie endete mit einer Niederlage Preußens, aber der König hatte zu Recht bemerkt: „Noch ist Preußen nicht verloren."

Ich lernte also eine ganze Menge, auch Unnützes, und war immer bereit, das (An-) Gelernte weiter zu verbreiten. Ich erzählte gerne und wohl auch nicht schlecht: in der Schule wurde ich von den Lehrern im Fach Geschichte oft aufgefordert, am Beginn einer Stunde den Stoff der vorangegangenen Stunde zu wiederholen. Ich fiel auf, gab an (im doppelten Sinne des Wortes) und betrachtete das, unreflektiert natürlich, als meine Methode, mit den tonangebenden Mitgliedern der Nazi-Gesellschaft eines Tages auf Augenhöhe zu gelangen. Da ärgerte mich dann schon, dass meine Uniform nie so ganz richtig komplett vorschriftsmäßig war – meist abgelegte Stücke von Älteren, und bedauerlicherweise besaß ich auch keinen ‚Affen‘, wie wir die Tornister nannten, weil sie auf der Außenseite braunes, affenähnliches Fell hatten. Aber um den ‚Wimpel‘, unser Fähnchen, bei einigen der üblichen Aufmärsche vorweg zu tragen, reichte die Ausstattung schon. Sonntags gab es öfter im Jahr volksfestähnliche Veranstaltungen mit Tanzgruppen, für die wir auch üben mussten. Einmal musste ich, weil wir Mädchen in der Überzahl waren, eine Hosenrolle übernehmen und einen bayerischen Bauernbuben abgeben, was mir den Spitznamen „Seppel" eintrug. Darüber war ich gar nicht begeistert, denn der „Sepp" lag mir zu nahe beim „Depp".

Sport wurde ganz groß geschrieben und machte auch großen Spaß. Eher leicht etwas kränklich und wehleidig, wurde ich zwar nun nicht „hart wie Kruppstahl" und auch nicht „flink wie ein Windhund", aber stabiler und ausdauernder. Da wir in Miersdorf in unserer Dorfschule keine Turnhalle hatten, standen Ballspiele aller Art (einschließlich Handball, wo ich dann schon mal torjagende Mittelstürmerin sein konnte) und Leichtathletik (Laufen, Weitsprung, Werfen) im Vordergrund. Später in der Berliner Schule mit Turnhalle hatte ich Erfolge an der Reckstange, die die mehr als ich begeisterte Turnlehrerin zu der Tirade veranlasste, an mir sähe man, wie geistige und körperliche Disziplin einander förderten. Bei den jährlichen Reichsjugendwettkämpfen lag ich jedes Mal mit meiner Punktzahl in der Spitze des oberen Drittels und bekam eine Siegernadel, obwohl ich selten richtige Turnschuhe besaß – zu klein, zu groß, zu scheußlich aussehend. Günstig war für mich, dass Schwimmen nicht zum Leistungskatalog der Reichsjugendwettkämpfe gehörte, obwohl in Miersdorf aus einer gewässerten Tongrube, die sich zu einem kleinen See ausweitete, ein durchaus anständiges Schwimmbad gemacht worden war. Richtig lustvoll zu schwimmen lernte ich zeitlebens nicht, ich konnte höchstens ziemlich angestrengt meine „Nase über Wasser halten". Vielleicht lag das daran, dass mein Vater kurz vor seinem Tod gerade begonnen hatte, mir das Schwimmen beizubringen; danach kam eine große Pause, die auch der autoritäre Miersdorfer Bademeister, den ich nicht leiden mochte, nicht erfolgreich zu beenden wusste.

Was dann noch neben Schule, ‚Dienst' und Haushalt an Zeit blieb, verwendete ich für meine ‚militärische' Ausbildung zum Luftschutzwart und zur Einführung in Erste-Hilfe-Kurse. Außerdem verfolgte ich die Wehrmachtsberichte an der Ostfront; meine Mutter hatte sich lange gesträubt, mir eine Karte von der Ostfront zu genehmigen, auf der ich den Vor- und später den Rückmarsch der deutschen Truppen mit Stecknadeln markieren konnte. Sie gab schließlich nach, aber die Karte musste an der Wand des ungeheizten Klos angebracht werden. Ein Führer-Bild hatten wir auf meinen Wunsch erst dann in einem Zimmer aufgehängt, als mich Tante Martha fast schon davon überzeugt hatte, dass ein Gefreiter keinen Weltkrieg gewinnen könne.

Eine große Faszination besaßen für mich die Fliegerhelden; von ihnen gab es schöne Bilder in Postkartengröße. Über einen, Werner Mölders, schrieb ich mein erstes ‚Buch', illustriert! Plagiathaft habe ich dafür Bücher und Berichte über ihn verwendet. Eine andere ‚literarische' Spezialität von mir war das Kochbuch; meine Mutter hatte große Mengen von Kochrezepten ausgeschnitten und gesammelt, die unsortiert in einem Schubfach des Küchenschranks herumlagen. Das störte meinen Ordnungssinn; folglich sortierte und klebte ich die Rezepte ein, teils schrieb ich sie ab. Man kann es heute noch sehen. Für meine ‚Arbeit' hatte ich, wie schon bemerkt, einen eigenen kleinen Schreibtisch mit Schubfach und einem Brett unter der Tischplatte als Ablage. Der Tisch stand vor dem Küchenfenster und wuchs mit mir, weil Onkel Willi die Tischbeine durch anmontierte Holzklötze verlängerte, damit ich weniger krumm davor saß.

Zu meiner mir selbst auferlegten militärischen Ausbildung gehörte auch die Beschäftigung mit den Waffengattungen, deren unterschiedliche Farben ich kannte, und den Dienstgraden der Wehrmacht, die ich alle vom Soldaten bis zum General bestimmen konnte. Wenn ich mich mit kleinen Soldatenfiguren beschäftigte, die man bei Spenden für das Winterhilfswerk bekam, so war ich nach den ‚Kämpfen' angestrengt darum bemüht, dass die Soldaten nachts in einem beschützten Unterstand ihre Ruhe und ihr Essen fanden. Immerhin!

Nach dem, was ich erlebt habe oder besser, woran ich mich erinnern kann, war der Dienst im BDM für mich eine anregende Freizeitbeschäftigung, in der ich viel zu lernen glaubte und die mich vor allem

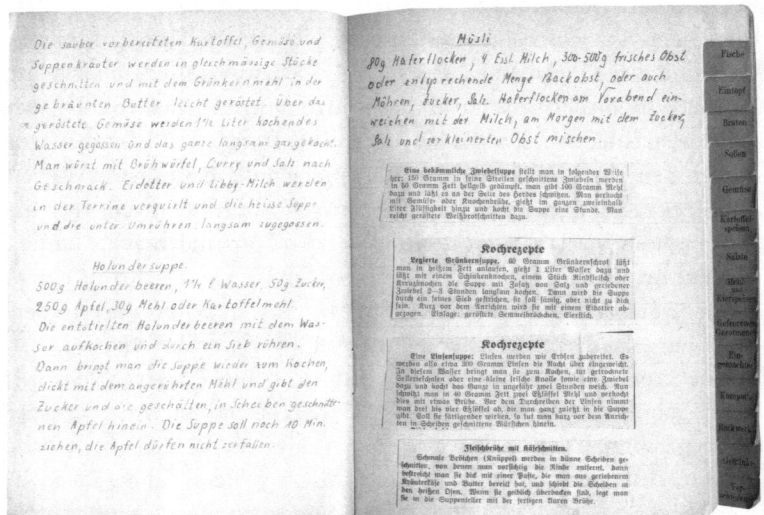

Kochbuch, Anfang der 1940er-Jahre angelegt

in ihren Formen – ich wurde gewissermaßen gemeinschaftsfähig gemacht – und weniger durch ihre Inhalte prägte. Die „rassentheretische Unterweisung" beispielsweise blieb sowohl im BDM als auch in der Schule diffus und oberflächlich, eher eine Art ‚Erkennungsspiel': wer zu welcher „Rasse" gehörte oder doch wie viel Mischung jeweils davon. Eines allerdings wurde mir unablässig eingehämmert: was Deutschland und Deutschsein zu bedeuten hatte und wie wir uns dessen würdig erweisen sollten. Diese „Deutschtümelei" blieb mir auch über das Jahr 1945 hinaus noch einige Zeit erhalten.

Hinzu trat als prägender und alles überwölbender Faktor die (Affen-) Liebe zum Führer. Wo kam die her? Heranwachsende brauchten damals (wie heute auch?) einen Kompass, eine Art Gott-, Vater-, älterer Bruder-Figur, die über den engeren Familienkreis hinausragte, über die Menschen, mit denen man es alltäglich zu tun hatte, eine Figur, die einem ein Stückchen dem näherbrachte , was man ‚den Himmel stürmen' hätte nennen können, eine Art bildhafter Transzendenz. Aber warum gerade ‚den Führer'? Gegenfrage: Wen denn sonst? Wen hätte es sonst noch geben können? Propaganda und Terror hatten alles andere weggeräumt; aber das Bedürfnis war geblieben, mit anderen gemeinsam über sich selbst, den kleinen Menschen, hinauswachsend angeleitet zu werden, vom Ich zum Wir streben zu können, um die Welt zu ändern, zu verbessern... Da passte ‚der Führer'. Ich habe ihn, wie viele Hunderttausende, ja Millionen Deutscher ebenfalls nicht, nie wirklich und auch nicht einmal von Weitem gesehen; das war auch nicht nötig, denn die von jeder Realität abgehobene Symbolfigur war gefragt. Von ihr erfuhr man durch Fotos in den Zeitungen, Bilder in den Wochenschauen, und man hörte sie im Rundfunk. Vielleicht hätten ja die Nazi-Kinder im „Dritten Reich" von diesem Führerglauben durch vernünftige Erwachsene ‚erlöst' werden können. Aber was taten die meisten von ihnen: ‚Der Führer' rief sie zu den Waffen, sie folgten mehr oder weniger besinnungslos, leisteten ‚heilige Eide' auf ihn und brachten sich sogar selbst um, wenn sie mit durchaus guten Gründen den Eid hatten brechen müssen. Da hatte ich denn den unverdienten Vorteil, unter Erwachsenen aufzuwachsen, die nie den Boden unter den Füßen verloren haben und auch mich mal mit weniger, mal mit mehr Erfolg auf diesem Boden hielten.

Es gab überdies auch für mich unangenehme Tätigkeiten: Sammelbüchsen schütteln, Abzeichen verkaufen, Altmetall sammeln und – eine Seidenraupenzucht betreiben. Das kam so: Pg. Botzelmann hatte auf Anregung, wenn nicht Befehl von irgendeinem Oberen beschlossen, zum edlen Krefelder Gewerbe der Seidenerzeuger, das Mitte des 18. Jahrhunderts vom preußischen König Friedrich II. besonders gefördert wurde, zurückzukehren. Die Seide sollte zur Anfertigung von Fallschirmen verwendet werden. Ich war diejenige, die die Raupen zu füttern hatte und deshalb täglich ein-, zweimal mit dem Fahrrad im Dorf herumfuhr, um für die gefräßigen Tiere Maulbeerblätter zu pflücken, bis diese sich schließlich in Kokons aus selbst erzeugten Seidenfäden ‚einpuppten'. Diese Kokons lieferte dann Botzelmann irgendwo ab; ob jemals ein Fallschirm daraus entstand, vermag ich nicht zu sagen. Inzwischen hat es mich einigermaßen beruhigt zu erfahren, dass noch heute im 21. Jahrhundert die natürliche Gewinnung der Seide mittels der mir widerlichen Raupen besseres Material liefert als jede Kunstfaser.

Alassio 1941

Zum absoluten Highlight meines jungen Lebens wurde der sechs Wochen dauernde Aufenthalt vom 8. November bis zum 17. Dezember 1941 in Alassio an der italienischen Riviera unweit von San Remo. Schon zweimal war ich, zu klein und zierlich für mein Alter, von der NSV verschickt worden: 1938 in ein Dorf in Hinterpommern im Kreis Belgard; die Bauersleute waren nett zu mir gewesen, aber das Essen zu fett, und die Kühe, die ich mit einem etwas älteren Bauernjungen hütete, lernte ich als ziemlich störrische Viecher kennen. Dafür konnte ich den Einheimischen viel von der Großstadt Berlin erzählen. 1940 ging es nach Teplitz-Schönau ins gerade ‚eroberte' Sudetenland zu einem zünftig nationalsozialistischen alten Ehepaar. Ich langweilte mich so sehr, dass ich (schein)krank wurde und meine Mutter mich vorzeitig abholen konnte.

Die Reise nach Alassio – das war zweifelsfrei eine höhere Kategorie und fand deshalb Platz in der Zeitung (leider sind weder der Name der Zeitung noch das Datum der Nachricht vermerkt).

Märkische Jungmädel aus den Kreisen Teltow, Brandenburg/Havel, Zauch-Belzig, Königsberg, Sternberger Land und Westpriegnitz grüßen ihre Heimat. Sie haben in Alassio an der Riviera im NSV-Heim „Stella d'Oro" für die Dauer von 6 Wochen Unterkunft gefunden und wandeln nun zur Erholung unter Palmen an der Küste des Mittelmeeres. Man muss es dem Bürgermeister von Alassio, dem Podesta, lassen, er ist rührend um die deutschen Gäste besorgt. Sie werden ebenso wie die deutschen Verwundeten, die dort zur Erholung weilen, mit Hochachtung behandelt, und das kommt nicht zuletzt daher, daß unsere märkischen Pimpfe, die vorher dort weilten, einen guten Eindruck hinterlassen haben.

Die 50 märkischen Jungmädel haben sich schnell eingelebt. Sie haben Stubenkameradschaften gebildet, gehen gemeinsam aus, spielen am Strand, und wenn sie mit ihren Liedern durch die Straßen von Alassio marschieren, so bleiben die Italiener verwundert stehen. Es sind Kinder von Arbeitern, Beamten, Angestellten und Handwerkern darunter, Kinder von Vätern, die im Felde stehen. Und diese Väter haben inzwischen Gelegenheit gehabt, den Unterschied zwischen dem Sowjet-Paradies und dem Nationalsozialismus zu sehen. Wenn es noch eines Beweises bedurfte, so reicht diese Arbeit der NSV aus, um den ungeheuren Unterschied zwischen dem Sozialismus des Führers und dem der Plutokraten und Bolschewisten aufzuzeigen.

Sechs Wochen werden die märkischen Jungmädel an der Riviera weilen. Sie lernen Land und Leute kennen, sammeln viele neue Eindrücke und werden mit geweitetem Gesichtskreis zurückkehren. Sie werden ihr Vaterland einmal von draußen betrachten und dann feststellen, was diese Heimat ihnen wert ist, was es heißt, Deutscher zu sein.

Unser Zug fuhr am 7. November 1941 um 10.37 Uhr von Berlin-Anhalter Bahnhof Richtung München ab. Dort hatten wir zwei Stunden Aufenthalt, den wir zum Besuch der Feldherrnhalle nutzten. Um 0.15 Uhr fuhren wir weiter über Mailand nach Genua, wo wir am 8. November um 15.56 Uhr eintrafen. Nach erneutem Umsteigen erreichten wir Alassio gegen 21.00 Uhr. Unser Quartier lag auf einer kleinen Anhöhe, etwa hundert Meter vom Mittelmeerstrand entfernt. Gleich nach der Ankunft schrieb ich den ersten Brief an meine Mutter; den ersten Antwortbrief von ihr bekam ich am 6. Dezember. Die Briefe –

jede Woche durften wir einen schreiben – nahmen Soldaten mit, die „heim ins Reich" und dann an die Front fuhren und sie in Deutschland versendeten. Meine Mutter musste nach Anweisung ihre Briefe erst an die deutsche Botschaft nach Rom schicken, die sie dann nach Alassio weiterleitete.[13] In meinem ersten Brief schrieb ich:

Unterwegs unterhielt ich mich gut mit Italienern. Verstanden habe ich zwar nicht viel. Auch einen Obergefreiten habe ich schon. Er hat mir schon etwas geschenkt, [...] eine Koffermarke von Genua. [...] Das Wetter ist hier warm. Heute habe ich das Dirndlkleid an. [...] Heute haben wir das Betten bauen gelernt. Einfach klassisch. Ich bin auch Stubenälteste. Die Landschaft Italiens ist einfach wunderbar.

Meine Mutter antwortete:

Besondere Ermahnungen usw. brauche ich Dir wohl nicht zu schreiben, ich hoffe, dass Du dort nur Ehre einlegst und im übrigen bist Du ja meine vernünftige große Tochter.

Am 15. November berichtete ich ihr, dass wir morgens drei und nachmittags zwei Brötchen bekämen, mittags und abends warmes Essen italienischer Art. Zu den Brötchen erhielten wir Milch. Weiter ist von der Beschäftigung mit der italienischen Sprache die Rede und davon, dass das Wetter schlecht sei. Dann die Bitte:

Hebe mir bitte alle Zeitungen auf; denn Du weißt ja, ich bin ein „Leseteufel". Auch streiche bitte alle Städte auf der Landkarte an.

Am 23. November berichtete ich, dass ich vom Tod von Werner Mölders gehört hätte und bat meine Mutter:

Hebe mir bitte alle Zeitungsausschnitte auf. Ich möchte dann noch alles nachtragen, jede Einzelheit.

Am 23. November bemerkte meine Mutter am Ende ihres Briefes:

Heute habe ich aber sehr schlecht geschrieben, mußt nicht so streng urteilen.

Am 27. November wurde ich gemahnt:

Wenn ich Dir nun nicht mehr schreiben sollte, so möchte ich Dich jetzt schon ermahnen, Deine Sachen alle ordentlich einzupacken und auch nichts vergessen und vor allem die Kofferschlüssel nicht verlieren.

Ich äußerte im nächsten Brief vom 29. November einen Weihnachtswunsch: zwei Karten für das Märchentheater in der Plaza und berichtete von schlechtem Wetter – es regnete dauernd, und wir konnten nur einmal im Mittelmeer baden, allerdings auch Wanderungen in den Ligurischen Alpen unternehmen.

Am 6. Dezember berichtete ich in meinem letzten Brief von einem Abend bei den Soldaten, an dem Clown Grog auftrat, ich erweiterte meine Weihnachtswunschliste um das Buch *Die Langerudkinder* von Marie Hamsun, und meldete, dass die braunen Schuhe zu klein geworden seien. Meiner Mutter riet ich, keine Überstunden mehr zu machen, bat sie, mir nach meiner Rückkehr eines von meinen Leibgerichten zu kochen – saure Eier oder Schmorbraten – und fragte:

Was ist alles auf der Welt geschehen? Wenn der Nachrichtendienst ist, müssen wir gerade immer schlafen.

Das Heimweh war ziemlich groß. Ich konnte nur den Mond, der nachts in unser Zimmer schien, anflehen, meine Mutter, die ihn ja auch sah, zu grüßen. Aber ich hielt ganz gut durch, da es uns allen ähnlich ging. Das betraf auch unseren Hunger, „Fama", den wir sogar einmal in einem Sprechchor zum Ausdruck brachten – wahrscheinlich kamen die märkischen Kartoffel- und Kohlfresserinnen mit der leichteren italienischen Küche nicht so gut zurecht. Aber wir kamen alle am 17. Dezember 1941 gesund zurück. Den längsten Teil der Reise, der über die Grenze führte, verbrachte ich schlafend im Gepäcknetz, unter dem Kopf eine schicke neue Lederhandtasche, die eine der Betreuerinnen auf diese Weise am Zoll vorbeischmuggeln konnte. Einige Tage nach der Rückkehr besuchten meine Mutter und ich den Herrn Hauptlehrer

Palmié, der die Reise für mich eingefädelt hatte und dem ich nun berichten sollte. Am Ende des Gesprächs fragte er mich, wem ich das alles zu verdanken hätte, und ich antwortete ihm wie aus der Pistole geschossen zielgenau: „dem Führer". Ich weiß nicht, ob ich das sagte, weil ich wusste, dass er es so hören wollte, oder ob ich es wirklich so meinte.

Ich konnte es einfach nicht lassen: Nach fast 70 Jahren bin ich im Mai 2011 noch einmal nach Alassio gereist. Das Heim, in dem wir 1941 lebten, war eine schmucke Privatvilla geworden, die Palme auf dem Weg zum Meer stand noch – riesenhaft gewachsen und quasi kahlköpfig, weil fast ohne Blätter, auch die kleine Kapelle am Ortsende war nicht zu übersehen, hatte aber einen neuen Hintergrund: nicht mehr eine mit Pinien bewachsene Hügellandschaft, sondern einen Yachthafen! Nur wenige Erinnerungen wurden wach, und diesmal war das Wetter jahreszeitlich bedingt besser… Tempi passati!

Alassio, 1941   … und 2011

„Letzte Kinder Hitlers"

Gute zwei Monate nach der Rückkehr aus Alassio wurde ich zwölf Jahre alt und war nun fast zwei Jahre im „Dienst", aber zu mehr als einer Stubenältesten in Alassio hatte ich es noch nicht gebracht, noch nicht einmal zur Führerinnen-Anwärterin hatte es gereicht. Merkwürdig bei einem so eifrigen Jungmädel. Was da vorlag, kann ich nur vermuten. Das Führerinnenkorps der Jungmädel-Gruppe 37/20 stammte überwiegend aus dem Zeuthener Mittelstand, die Miersdorfer waren vom „Stamme der Proletarier" und blieben es. War denen, die die Führerinnenauswahl vornahmen, mein in ihren Augen politisch zwiespältiges Umfeld bekannt oder vermuteten sie ein solches nur, was ja auch schon reichte, um jemanden draußen stehen zu lassen? Als ich schließlich doch gefragt wurde, bestätigten sich diese Vermutungen: Ich sagte „nein". Meine Begründung lautete: Da meine Mutter arbeiten müsse, hätte ich viel im Haushalt zu tun und außerdem zwei kleinere Kinder zu beaufsichtigen, deren Mütter ebenfalls arbeiteten, also hätte ich keine Zeit, eine so wichtige Tätigkeit verantwortungsvoll zu übernehmen. Das alles stimmte nicht ganz, klang aber glaubwürdig, nur stammte es nicht von mir. Ich redete so, weil Mutter und Tante Martha mit ihrem Lebensgefährten Kurt Steen, einem schwer kriegsbeschädigten Sozialdemokraten, mich so eingestimmt hatten. Aber warum ging ich darauf ein, lehnte mich nicht auf, wie sonst immer, wenn mir etwas nicht gefiel? Ich weiß es nicht. Ich kann auch im Nachhinein keinen Zusammenhang entdecken mit einem anderen Vorgang, der sich etwa zur gleichen Zeit abgespielt hatte.

Am 3. Juni 1942 erklärte meine Mutter vor dem Amtsgericht Königs Wusterhausen für mich den Austritt aus der katholischen Kirche; mit zwölf Jahren war man religionsmündig, aber eben noch nicht volljährig, deshalb der mütterliche Einsatz als Vormund. Am 17. August 1942 wurde ich durch Beschluss des Gemeindekirchenrates Miersdorf/Zeuthen in die evangelische Kirche aufgenommen, wie Pfarrer Bechthold uns am 26. August mitteilte. Fortan besuchte ich zwei Jahre lang seinen Konfirmandenunterricht bis zur Konfirmation am 5. März 1944. Keiner in der Familie, ob evangelisch oder katholisch, glaubte so recht an Gott, keiner besuchte den Gottesdienst, auch nicht an den sogenannten Hohen Feiertagen. Was steckte hinter solchen Entscheidungen? Genau

weiß ich es nicht, aber ich nehme an, es sollten Schutzräume, Sicher-
heitszonen, Rückversicherungen geschaffen werden. Andererseits galt
aber doch die BDM-Führerin-Rolle als Eingangstor für eine berufliche
Karriere, nicht nur äußerlich, sondern auch im Hinblick auf die individuelle Qualifikation, die sie sehr „jungen Dingern" schon früh ermöglichte; außerdem trug sie dazu bei, bestehende soziale Unterlegenheit
zu kompensieren. Ungefähr zur gleichen Zeit, als die Konfirmation
stattfand, wurde ich endlich auch Führerin, BDM-Scharführerin und
zugleich Standortführerin in Miersdorf für BDM und Jungmädel zusammen. Bestätigt in diesen Funktionen durch die Übergabe der in
diesem Falle grünen Schnur wurde ich nie, aber eine neue dunkelblaue
Uniform, die damals merkwürdigerweise noch gekauft werden konnte
beziehungsweise sollte, bekam ich – die Jacke trug ich noch über 1945
hinaus wie die ehemaligen Soldaten ihre Uniformmäntel.

Über die „letzten Kinder Hitlers" ist schon viel geschrieben worden;
einige von ihnen haben sich selbst geäußert, weil sie sich selbst verstehen und von anderen verstanden werden wollten, aber auch um sich
dagegen zu wehren, missverstanden zu werden. Bei der Durchsicht vieler Darstellungen, die sich auf die Geburtsjahrgänge 1924 bis 1930/31
beziehen, zeigte sich, dass zwischen den Jahrgängen, manchmal von
Jahr zu Jahr, erhebliche Unterschiede bestanden. Ob einer oder eine
dem Nationalsozialismus verfiel, hing ab von der Herkunft, von der
Prägung der Elternhäuser, von Umwelt- und Milieubedingungen, von
der sozialen Lage, von dem gesellschaftlichen Ansehen, aber auch von
der individuellen Entwicklungsstufe, der Affinität zu vorgegebenen
Verhaltensmustern und geschlechtsspezifischen Unterschieden. Fak-
tisches Erleben der Kriegssituation, frühe Fluchterfahrungen, aber
auch gerade für Mädchen ganz entscheidend eine ungewöhnlich frühe
Selbst- und Eigenständigkeit hatten ebenfalls eine bestimmende Bedeutung.[14]

Solche Überlegungen veranlassen, Mit-Zeitzeugenschaft jahrgangs-
mäßig scharf zu begrenzen, in meinem Fall auf die Geburtsjahrgänge
1929/30. Dazu gehören beispielsweise Heiner Müller (geboren am
8. Januar 1929), Christa Wolf (geboren am 18. März 1929), Gerhard
A. Ritter (geboren am 29. März 1929), Ralf Dahrendorf (geboren am
1. Mai 1929), Jürgen Habermas (geboren am 18. Juni 1929), Günter
Gaus (geboren am 23. November 1929), Heiner Geißler (geboren am

3. März 1930), Helmut Kohl (geboren am 3. April 1930), Jost Hermand (geboren am 11. April 1930), Peter Schulz (geboren am 25. April 1930), Theo Sommer (geboren am 10. Juni 1930). Nur bei denen, deren Elternhäuser politisch eindeutig links eingestellt waren (Müller, Dahrendorf, Schulz), bestand eine Abneigung gegen die Vereinnahmung durch die HJ oder es kam im Laufe der Zeit zu einer eindeutigen Oppositionshaltung. Als eher grenzwertig würde ich mich hier einordnen (keine Abneigung, sehr spät beginnende Umorientierung). Auch im Falle von Elternhäusern, die religiös, konservativ-national oder mental begründet deutlich nicht-nationalsozialistisch orientiert waren (Geißler, Kohl, Hermand, Ritter), hatte die HJ keine oder nur sehr begrenzt eine Chance zur Mitwirkung. Bei eher mittelständischen Elternhäusern mit nach 1933 leichter Tendenz zum sozialen Aufstieg (Wolf, Gaus) oder dem Nationalsozialismus zugeneigten Familien (Habermas, Sommer) war der Eintritt in die HJ quasi vorgegeben, führte aber selbst hier teilweise zu einer wachsenden Distanzierung. Die Jahrgänge 1929/30 hatten früheren und späteren Alterskohorten einiges voraus. Sie standen an der Schwelle zum Erwachsensein und konnten deshalb einerseits das Ende des „Dritten Reiches" – Zerstörung, Massenelend, sinnlose Fortführung des Krieges – mit klarem Verstand wahrnehmen, waren aber andererseits noch zu jung, um im strafrechtlichen und moralischen Sinne schuldhaft in die Handlungen des nationalsozialistischen Terrorregimes verstrickt zu sein. Helmut Kohl hat dies einmal auf die Formel von der „Gnade der späten Geburt" gebracht. Deshalb lernten sie 1945 – wenn auch oft erst durch einen schmerzhaften Prozess der Ablösung vom Nationalsozialismus – zu begreifen, dass sie sich gerade deshalb als mitverantwortlich für das Gelingen einer humanen Alternative zu verstehen hatten. Deshalb wurden aus „Hitlers letzten Kindern" die bald nicht mehr abseits stehenden Jugendlichen der Aufbaugeneration.[15]

Wie unsereiner den Krieg erlebte

In den ersten Jahren nach 1939 haben wir in Miersdorf gar nicht so recht wahrgenommen, was Krieg bedeutet. Fast alles war in meinem kleinen Leben wie immer. Gewiss begegnete man der schwarz gekleideten Mutter des ersten gefallenen Soldaten aus dem Dorf; es gab französische Kriegsgefangene, deren Aufenthaltsort im Keller eines Gebäudes des alten Gutshofs eine Art geheimnisumwobene Anziehungskraft besaß. Auch war der jüngste Bruder meines Vaters, Erhard, nach dem Reichsarbeitsdienst Soldat geworden, zuerst in Frankreich, dort auch schon einmal einige Zeit sogar in Paris stationiert, von wo er wenige Male Schuhe für mich und Kleiderstoff für meine Mutter schickte und bis dahin unbekannte Leckereien für uns beide. Danach wurde er in Russland eingesetzt, wo er 1943 als Obergefreiter der Infanterie im Stellungskrieg in der Nähe von Orel von einem Scharfschützen der Roten Armee erschossen wurde. Da gab es Feldpost hin und her und unsererseits den Versuch, Onkel Erhard in dem berüchtigten kalten russischen Winter 1941/42 mit warmen Sachen zu versorgen. Von einer Lehrerin erfuhr man später, dass ihr Mann in Stalingrad vermisst war. Allmählich betrachtete ich den Krieg nicht mehr als eine Ansammlung von einzelnen Unglücksfällen, zumal von mir zum ersten Mal konkret wahrgenommen wurde, was tot sein bedeutete (meinen Vater hatte ich ja als Toten nicht gesehen). Ritas Mutter Gerda, die für mich eine Art Vertrauensperson geworden war, starb 1942 bei der Geburt ihres Sohnes, und ein Jahr später fiel Ritas Vater Richard Wille.

Verschärft wurde die Situation dann seit 1942 durch den Luftkrieg, der die Trennung von Heimat und Front verringerte. Miersdorf und Zeuthen lagen in der Abflugschneise der englischen und der amerikanischen Bombenflugzeuge, die allerdings nur gelegentlich die Rest-Last der Bomben abwarfen, die sie nicht über Berlin „losgeworden" waren. Es gab also in beiden Orten nur wenige Bombenschäden, wenngleich dann im letzten Kriegsjahr sich in unserer Küche ein langer Riss durch eine Wand zog, an dem sich im Winter Eisschichten bildeten. Ängstlicher machte uns eigentlich das laute Gebell der Flak-Geschütze. Unser Luftschutzraum im Keller des Hauses wurde durch ein paar an die Decke reichende Holzstämme abgestützt, was im Ernstfall keine Sicherheit geboten hätte. Als Luftschutzwart in dem Dreifamilienhaus hatte ich vor allem dafür zu sorgen, dass allabendlich bei Benutzung des Lichts alles total verdunkelt war, das heißt die Fenster so mit Decken und Rollos verhängt waren, dass auch nicht der geringste Lichtschimmer nach außen drang. Bei Fliegeralarm – verkündet durch aufheulende Sirenentöne – hatte ich darauf zu achten, dass sich alle Personen, die im Haus wohnten, auf schnellstem Wege mit kleinem Gepäck im Luftschutzraum einfanden. Die größte Schwierigkeit bereitete mir dabei meine Mutter, die einfach nicht aufstehen wollte, was für mich durchaus nachvollziehbar war: Fliegeralarm begann meist gegen 1.00 Uhr nachts, da hatte sie gerade drei Stunden geschlafen, und dauerte bis 3.00 Uhr; zwei Stunden später musste sie aufstehen, um pünktlich zur Arbeit in Berlin zu gelangen. Schäden gab es also kaum; nur einmal mussten wir eine Brandbombe löschen, die aber neben das Haus gefallen war. Brennende Häuser, ja ganze durch Flammen gesperrte Straßenschluchten habe ich erst in Berlin gesehen, als die Tagesangriffe einsetzten. Manchmal konnte man sich dann auch bei schönem Wetter von den silbern glänzenden, monoton dröhnenden Geschwadern hoch oben am wolkenlosen Himmel mit Gruselschauern beeindrucken lassen – eine Flugabwehr gab es kaum noch.

Im Schuljahr 1942/43 besuchte ich in Berlin in der Nähe des Görlitzer Bahnhofs eine Volksschule mit Aufbauklassen zur Erlangung der Mittleren Reife; dies war die Konzession, zu der sich meine Mutter bereitgefunden hatte. Zwar dauerte der tägliche Schulweg mit der Eisenbahn und dem Weg zu den Bahnhöfen hin und zurück mindestens drei Stunden, aber ich war nicht das einzige Schulkind, das diesen Weg zu bewältigen hatte, und die Schule mit den vielen neuen Fächern (nun auch Mathematik und Englisch) machte mir viel Spaß. Mit Freude verschrieb ich mich im Fach Erdkunde dem Zeichnen von Landkarten, zumal alle anderen Bemühungen, „künstlerisch" tätig zu sein, ziemlich kläglich scheiterten. Im Fach Deutsch geriet ich allerdings in Plagiats-Verdacht. Es sollte ein Hausaufsatz geschrieben werden über das Erleben eines „vom Eise befreiten" Frühlingsmorgens. Alle Aufsätze hatte die Lehrerin gestuft nach der Notengebung kommentiert zurückgegeben – nur meinen nicht. Er kam zum Schluss dran: Tief Luft holend erklärte die Lehrerin, ich hätte bei Hermann Löns abgeschrieben. Hatte ich aber nicht, ich kannte ihn gar nicht. Das war denn auch meine Antwort, und die Lehrerin meinte nun, eines hätte sie ja auch bei ihrer Vermutung, ich hätte abgeschrieben, irritiert, dass ich nämlich die Nachtigall am frühen Morgen hatte singen lassen.

Auch mir und zwei Mit-Fahrschülerinnen blieb nicht erspart, wovon heute so viel die Rede ist: versuchte sexuelle Belästigung durch einen wohl gekleideten älteren Herrn, der am Görlitzer Bahnhof, einem Sackbahnhof, in ein schmales Abteil des eine Weile wartenden Zuges einstieg, wenn es nur von einer von uns besetzt war; er versuchte dann, durch anzügliche Reden und Tastversuche uns zu belästigen. Kurz bevor der Zug abfuhr, stieg er aus. Die Mutter einer Schülerin erstattete Anzeige gegen unbekannt und wir wurden von der Kriminalpolizei zu einem Bericht vorgeladen; die Ermittlung wurde später eingestellt.

Nach einem Schuljahr war alles wieder zu Ende, denn 1943 begann in den Berliner Schulen verstärkt die Kinderlandverschickung; ich wollte nicht mit, Mutter nicht allein zurücklassen und sie mich nicht gehen lassen. Also ging ich zurück an die Volksschule, diesmal an die Zeuthener, die einen besseren Ruf besaß; außerdem war der geliebte Miersdorfer Hauptschullehrer Palmié inzwischen verstorben. Vom 1. September 1943 bis zum 25. März 1944 besuchte ich die Volksschule und verließ sie mit einem Schulentlassungszeugnis, das den Vermerk trug, die Umschulung nach Zeuthen sei „aus Anlass feindlicher Luftangriffe" erfolgt. Alle Noten lauteten „sehr gut" (Deutsch mündlich und schriftlich, Lebenskunde, Naturkunde, Schrift) oder „gut" (diesmal sogar in Musik und Hauswirtschaft).

Drei Wochen vor der Schulentlassung wurde ich konfirmiert. Der fast zwei Jahre dauernde Konfirmandenunterricht von Pfarrer Bechthold war altmodisch und langweilig und bestand vornehmlich aus dem Auswendiglernen und Besprechen von Bibel- und Liedtexten, die meist unverständlich in ihren allegorischen Ableitungen blieben. Ich habe sie samt und sonders vergessen, obwohl ich sie gründlich auswendig gelernt hatte; denn Bechthold versuchte immer, mich dabei zu erwischen, dass ich etwas nicht konnte. Ich hatte nämlich eine Art Mutprobe bestanden, ihn einmal als Erste unter seinen Konfirmanden mit „Heil Hitler" zu begrüßen, während er doch ausdrücklich von uns – heute weiß ich warum – das artige „Guten Tag" erwartete. Ich befand mich damals seelisch in einer prekären Lage: Ich glaubte eigentlich nicht an Gott und ließ mich in dieser Verfassung konfirmieren; aber an den Führer glaubte ich auch nicht mehr so ganz. Der Konfirmationsspruch, den der Pfarrer für mich ausgesucht hatte und der ja als Wegweisung ins Erwachsenenalter gedacht war, lautete: „Verlass Dich auf den Herrn von ganzem Herzen und verlass Dich nicht auf Deinen Verstand." (Sprüche Salomon 5,2) In der Konfirmationsurkunde fehlte jedoch das „nicht", sodass ich unbeabsichtigt dazu aufgefordert wurde, mich nicht nur „auf den Herrn" zu verlassen, sondern auch auf meinen Verstand – Letzteres versuchte ich mein Leben lang zu tun.

Ab April 1944 besuchte ich die Handelslehranstalt Berlin-Neukölln – also wieder Zug fahren von Zeuthen nach Berlin und wieder zurück. Wohin der Schulbesuch führen sollte, war, wie so vieles damals, ein Jahr vor Kriegsende unklar. Die Vorstellung war wohl schon, mit dem Abschluss der zweijährigen Handelsschule eine Art Mittlere Reife erwerben zu können. So lernte ich wieder Neues, bislang Unbekanntes wie Betriebswirtschaftskunde, Maschinenrechnen, Buchhaltung, Kurzschrift, Maschinenschreiben. Aber am 30. September 1944 war auch damit Schluss – der „totale Krieg" war ausgerufen, und ich wurde „dienstverpflichtet" ins Wildauer Werk der altehrwürdigen Berliner Maschinenbau-Aktiengesellschaft (BMA) vormals L. Schwartzkopff, in dem seit 1910 elektrische und seit 1924 Diesellokomotiven gebaut wurden. Wildau war wenigstens nur eine Bahnstation von Zeuthen entfernt.

Die Nachrichten über die Ereignisse des 20. Juli 1944 lösten bei mir einen – wenn auch langsamen – Prozess der Abkehr von meinen „führergläubigen" Einstellungen aus. Ich erinnere mich noch deutlich, dass ich um 19.00 Uhr die Nachricht vom Attentat auf Hitler im Radio hörte und sie sofort an die anderen Hausbewohner, die wieder einmal mit dem Jauchepumpen beschäftigt waren, weitergab. Ich tat dies erst einmal voller Empörung ganz im Stil der Nazipropaganda, wie man sie im *Völkischen Beobachter* und in den Rundfunkkommentaren des Leiters der Rundfunkabteilung im Reichspropagandaministerium Hans Fritzsche wahrnehmen konnte. Den „VB" holte ich jeden Sonntag vom Kiosk am Bahnhof, gelegentlich auch *Das Reich*, und jeden Donnerstag brachte Mutter die *Berliner Illustrierte* mit. Langsam wich die Empörung über die Tat der Überlegung, dass der Führer doch nicht so allmächtig und unverletzbar sein konnte, wenn beinahe ein Attentat auf ihn gelingen konnte. Allmählich erkannte ich die Widersprüche zwischen den in abwiegelnde Worte gekleideten Wehrmachtsberichten und den auf meiner Landkarte sich immer deutlicher abzeichnenden Rückzügen aller Wehrmachtsteile. Hinzu kamen, wie mir schien, Unstimmigkeiten zwischen den weltanschaulichen Losungen aus *Mein Kampf* und den alltäglich wahrzunehmenden Realitäten. Als ich mich entschloss, zusammen mit einer Kameradin eine vorgesetzte Führerin verlegen und vorsichtig um Rat zu fragen, kanzelte diese uns nicht einfach ab, sondern gestand, dass auch sie einige Ungereimtheiten entdeckt hatte; sie empfahl uns, uns mit Paul de Lagarde, einem wissenschaftlichen Vorläufer des Nationalsozialismus, zu befassen. Das taten wir aber nicht, hätten wir es getan, wären wir ja vom Regen in die Traufe geraten.

Uns beschäftigte anderes: Die ersten Flüchtlinge aus dem Osten trafen in Güterwagen auf dem Zeuthener Bahnhof ein, meist alte Frauen und kleinere Kinder; beide gleichermaßen hilflos, sollten sie mit den nötigsten Lebensmitteln versorgt werden. Etwa zur gleichen Zeit oder etwas früher holten Mutter und ich – wesentlich auf Geheiß von Tante Martha – meine Großmutter aus einem durch Bomben halb zertrümmerten Kreuzberger Haus nach Miersdorf. Nach einem Vierteljahrhundert war es das erste Zusammentreffen der beiden Frauen; ich hatte die nunmehr 73-jährige Frau noch nie gesehen und wurde ihr in keiner Weise, wie bereits berichtet, zugeneigt. Aber was sollte man unter den gegebenen Umständen anderes machen. So wohnten wir nun in einer Anderthalbzimmer-Wohnung zu dritt oder anders gesagt, schliefen zusammen in einem Zimmer. Das einzig Positive war, dass wir in dem großmütterlichen Kellerraum, den wir ausräumen konnten, einige (Über-) Lebensmittel fanden, darunter mehrere Zentner Presskohlen, die wir nun als „schwarzes Gold" zum Tauschen zur Verfügung hatten. Das war zu diesem Zeitpunkt noch nicht notwendig; während des ganzen Krieges hatten wir ausreichend zu essen; was fehlte, brachten uns der Garten und die Kaninchen ein.

Meine noch diffusen Verunsicherungen erhielten dann etwas klarere Konturen durch meine Tätigkeit bei Schwartzkopff. Dort lernte ich russische Kriegsgefangene kennen. ‚Russen' kannte ich bisher nur aus Zeitungen, der Wochenschau im Kino und aggressiv-anschaulich durch die Angst und Schrecken einjagende Ausstellung der Reichspropaganda-Leitung der NSDAP mit dem höhnischen Titel „Das Sowjet-Paradies" im Mai/Juni 1942 im Berliner Lustgarten, aufgebaut auf 9.000 Quadratmetern und von angeblich 1,3 Millionen Menschen besucht. Bei Schwartzkopff lernte ich zunächst, gerade 14 Jahre alt, zusammen mit Hausfrauen Bauzeichnungen zu lesen und mit ihnen ein wenig an der Drehbank herumzuspielen, was von der Ersetzung fachlich gebildeter Arbeiter weit entfernt war. Bei dieser Tätigkeit entdeckte mich ein älterer Meister, der sich mich als Werkstattschreiber in zuteilen lassen konnte. Wir saßen beide in einem Glaskasten, und in der Werkstatt arbeiteten stehend an Schraubstöcken etwa 30 bis 40 russische Kriegsgefangene. Ich beobachtete, wie die Russen beim Aufräumen aus den Kübeln und von den Tellern, die wir Deutschen zum Mittagessen benutzt hatten, die Reste unseres Essens buchstäblich aufleckten. Das erschien mir angesichts der dürren, mit Flicken bekleideten („Unter"-) Menschen erst einmal abstoßend, bis ich mir dann doch die Frage stellte: Wer macht denn so etwas, doch nur jemand, der schon halb verhungert ist, und so sahen sie ja auch aus. Seitdem ließen wir, dazu konnte ich einige meiner Arbeitskolleginnen gewinnen, Essen, meist irgendeine Suppe, auf unseren Tellern zurück und ein, zwei Löffel dazu. Mein Meister beobachtete dies und erklärte mir: „Das sind auch Menschen, das hast Du jetzt verstanden, und nun will ich Dir zeigen, dass sie Menschen sind wie wir." Auf ein Zeichen von ihm begannen die Russen zu singen: das Wolga-Lied, das auch deutsche Seelen tief zu berühren vermag. Dieses Erlebnis war ein Baustein für die weitere Distanzierung von der NS-Diktatur bereits vor ihrem Zusammenbruch.

Später entdeckte mich bei der BMA ein Direktor, der mich in seinem Büro zu beschäftigen versprach. Tatsächlich konnte ich mich in seinem Büro einfinden, aber beschäftigt wurde ich kaum. Elend langweilig war es, die von einem Luftangriff in Berlin beschädigten Bücher einigermaßen benutzbar zu machen, das heißt Staub und Mörtel zu entfernen und die Seiten und Rücken mit Klebestreifen, die nicht halten wollten, zu befestigen. Einige Male gab es auch in Wildau tagsüber Fliegeralarm, und wir rannten in die Splittergräben auf dem Firmengelände, die bei einem Volltreffer genauso wenig sicher gewesen wären wie unser heimischer Luftschutzkeller; aber sie hätten uns besser vor Verschüttung geschützt. Zwei Dinge aus dieser Zeit zwischen Krieg und Auflösung des nationalsozialistischen Systems einerseits und der Furcht vor der Besetzung durch die Rote Armee andererseits müssen noch erwähnt werden. Ich lernte BBC hören, was ja unter Androhung schwerer Strafen verboten war. Anfangs war es ein reiner Zufall, dass ich den Sender erwischte, als ich die Nachrichten über den Anflug der feindlichen Bombengeschwader hören wollte, um danach kalkulieren zu können, wann Alarm gegeben würde. Dann wurde es zu einer Gewohnheit, mit Mutter – leise und mit heißen Ohren – die Erkennungsmelodie des BBC-Programms (Beginn von Beethovens 5. Sinfonie) zu vernehmen und weiter zu hören, wie „das Schicksal an die Tür pochte" (wie sich der Komponist ausgedrückt haben soll). Damit kann man die These, die inzwischen von Zeithistorikern mit Nachdruck vertreten wird, dass, wer wissen wollte, auch wissen konnte, erweitern: Selbst wer zunächst gar nicht wissen wollte, konnte wissen und wusste schließlich mehr, als er wissen sollte. Denke ich an mein damaliges Umfeld, so kann ich sagen: Wir wussten zunehmend eine Menge über die Auswirkungen der nationalsozialistischen Diktatur zuerst in Deutschland, dann in großen Teilen Europas, ob auch von dem millionenfachen Mord an Juden, vermag ich nicht zu sagen. Aber was machten wir daraus? Nichts! Im Vergleich zu der Zeit vor 1933 war es schwierig, an Wissen heranzukommen; es gab keine Öffentlichkeit mehr, an deren Wissen man teilhaben konnte. Es fehlten die Institutionen, in denen man das Wissen hätte austauschen, vervollständigen und korrigieren können. Eingeübte Verhaltensweisen und gewohnte Vermittlungsebenen verfielen oder wurden direkt zerstört. Fehlorientierungen, die nicht mehr kollektiv verarbeitet oder sogar aufgelöst werden konnten, setzten sich durch. Nur in kleinen, meist nur familiären Kreisen war Offenheit geschützt möglich. Und was hätte man in dieser zwangsweisen Isolierung tun können in einer Welt, in der die Kommunikationsmöglichkeiten im Vergleich zu heute extrem beschränkt waren. Nur von „Mund zu Mund" und unter den berühmten „vier Augen" war die Wahrheit über den nationalsozialistischen Terror noch vermittelbar, wobei der räumliche Radius der Kommunikation meist auch noch sehr klein blieb.

Das zweite aus dem kriegswinterlichen Rahmen fallende Ereignis war die Begegnung mit Siegfried Flügge. Ich wusste damals nicht, wer dieser Mann war und was er tat, ich erfuhr nur, dass er Professor war und bei den Arbeitgebern von Tante Martha wohnte, wo ich ihn auch traf: ein großer blonder Mann, 33 Jahre alt – und kein Soldat? Nein, kein Soldat, sondern Kernphysiker, zunächst im Kaiser-Wilhelm-Institut für Chemie in Berlin tätig gewesen, jedoch seit 1939 Mitarbeiter im „Amt für physikalische Sonderfragen" des Reichspostministeriums, das seinen Sitz in Miersdorf hatte. Im gleichen Jahr hatte Flügge zwei viel beachtete Aufsätze veröffentlicht, in denen er erste Erklärungen für die Urankernspaltung beziehungsweise die Anwendungsmöglichkeiten der Kernenergie geliefert hatte. Als ich ihn traf, signalisierte er seine Entschlossenheit, Berlin und Umgebung so bald wie möglich zu verlassen und nach Göttingen zu gehen, was er dann auch tat.[16] Da war also einer, der Dinge tat und vorhatte, die auf Zeiten nach dem Krieg und vielleicht sogar nach dem Ende der nationalsozialistischen Diktatur verwiesen.

Noch war Krieg, aber im Februar 1945 wurde unser Einsatz bei Schwartzkopff wegen Nichtigkeit beendet. Ich lag also auf der faulen Bärenhaut. Es war absehbar geworden, dass der Krieg sein Ende finden würde – als Niederlage für die Deutschen und Sieg der Alliierten. Ende März wurden alle Führer der Gliederungen der NSDAP zum Ortgruppenleiter bestellt, also auch ich. Ortsgruppenleiter war nicht mehr Bruno Stendel, sondern Fritz Müller,[17] 39 Jahre alt, seit 1930 Mitglied der NSDAP und tätig im Luftfahrtministerium. Er erklärte uns, der Feind würde Deutschland besetzen, und überall müsste nun der Einmarsch der feindlichen Truppen gestört und sabotiert werden – mit Waffen; „Werwolf" nannte er die Aktion. Während alle anderen zustimmten, erklärte ich mit einem flauen Gefühl im Magen: „Für uns Mädels hier im Ort kommt Werwolf nicht in Frage. Da machen wir nicht mit." Das war damals eine Mutprobe, die gravierende Folgen hätte haben können. Mir passierte nichts, es passierte überhaupt nichts. Doch: Zwei Tage nach dem Einmarsch der Roten Armee war Müller ‚flüchtig'. Ich begann dann in den nächsten Tagen nach der Zusammenkunft mit einem weiteren BDM-Mädchen, alle Akten und Bücher, vor allem sogenanntes Schulungsmaterial, im HJ-Heim zu verbrennen und einiges zu Hause im Garten zu vergraben.

Noch immer war Krieg. Seit dem 21. April lagen wir unter Artilleriebeschuss, hörten die auf Berlin gerichteten „Stalinorgeln", hingen weiße Bettlaken als Zeichen der Waffenlosigkeit auf dem Balkon auf, nahmen sie wieder ins Haus zurück, weil wir nicht sicher waren, ob sich nicht doch noch Waffen-SS im Ort aufhielt, hängten die weißen

Fahnen wieder raus, lebten Tag und Nacht im Keller, auch der vermuteten Tiefflieger wegen. Aus Richtung Berlin brachte uns der Wind Ascheregen. Dann zogen am 25. April 1945 gegen Mittag die ersten Einheiten der Roten Armee in Miersdorf ein. Mutter, Großmutter und ich aßen gerade unser frugales Mittagessen, ich konnte von meinem Platz aus dem Fenster schauen – da sah ich sie, und die heiße Kartoffel blieb mir fast im Hals stecken: eher kleine Gestalten, erdbraune Uniformen, keinen Helm, die Maschinenpistole über der Schulter, dazu kleine fast niedlich wirkende Panjewagen, auf denen unerkennbares Zeug lag. Sie machten nicht Halt, sondern zogen weiter in Richtung Berlin. Erst am frühen Nachmittag kam ein Offizier mit zwei Rotarmisten auf das Grundstück Potsdamer Straße 13, inspizierte die Bewohner, fragte nach „Uhri, Uhri" und erhielt von mir eine schäbige Armbanduhr, die ich für die Taschenuhr meines Vaters getauscht hatte. Der Offizier brachte eine russische Fremdarbeiterin mit, mit der er sich in ein Zimmer im Erdgeschoss zurückzog, während die beiden Soldaten, ganz junge Kerle, die Zimmertür bewachten. Einer schien es auf mich abgesehen zu haben, aber meine leichenblass gewordene Mutter und auch meine Großmutter, die mit einem Mal polnisch zu sprechen begann, konnten sie ablenken. In der Folgezeit musste ich mich öfter auf den Heuboden eines kleinen Nebengebäudes auf dem Grundstück, in dem sich die Waschküche befand, retten, wenn meist betrunkene Soldaten in die Wohnungen rasten, alle Schränke aufrissen und nach Schnaps und anderen für sie interessanten Dingen suchten. Wenn sie betrunken waren, konnten sie furchtbar und furchterregend werden.

Ein wenig Glück hatten wir, zusammen vier Frauen, kein Mann und zwei Kinder, weil der Kapitän, also ein Hauptmann, bald entschied, dass er und sein Stab in der Wohnung im Erdgeschoss Quartier nehmen würden. Zwar galt es nun, noch mehr zusammenzurücken, aber wir bekamen häufig die Chance, an den Mahlzeiten des Stabes, der uns die Reste überließ, teilzunehmen. Außerdem wuschen und bügelten meine Mutter und ihre Freundin, eine sehr resolute Frau, die Uniformen. Ob dabei noch mehr im Spiel war, weiß ich nicht, wollte ich vielleicht auch nicht wissen. Ich aber fand einen väterlichen Gesprächspartner, einen Unterleutnant aus Tiflis im Kaukasus, der seit Jahren keine Nachricht von seiner Familie bekommen hatte (es gab keine Feldpost!) und sich nun vorstellte, seine älteste Tochter, gleichen Jahrgangs wie ich, könnte so aussehen wie ich. Er sprach etwas deutsch, ich hatte mir schnell die russischen Bezeichnungen für die lebenswichtigen Dinge wie Brot, Fleisch, Zigaretten angeeignet. Meine polnisch sprechende Großmutter konnte sich überdies mit den Russen mehr und mehr ganz gut verständigen, auch meiner Mutter fielen immer mehr polnische Wörter ein, und ich lernte Russisch. Der kaukasische Unterleutnant kam aus der Verwunderung darüber nicht heraus, dass wir schlichte Arbeiter waren, also ‚Proletarier': schöne Wohnung, ordentliche Kleidung, Wasserklo. Schließlich glaubte er es mir doch.

April 1945 bis Mai 1946

Wahrlich unruhige Zeiten

In Miersdorf war also der Einmarsch der Roten Armee vergleichsweise ruhig verlaufen; einige wenige Menschen begingen Selbstmord, einige wurden erschossen, weil sie sich auffällig zu verhalten schienen. Dieses relativ friedliche Ende des so dramatisch zerstörerischen Krieges hatte seinen Grund: Der Kommunist Robert Jahnke war am 25. April mit der weißen Fahne in der Hand der Roten Armee entgegengegangen und hatte damit Miersdorf kampflos übergeben. Kurz zuvor hatten Jahnke und ein zweiter KPD-Mann, Rudolf Müller, das letzte deutsche militärische Aufgebot, den Volkssturm, dazu motiviert, die Waffen niederzulegen, um sinnlosen Widerstand zu verhindern:

Miersdorfer Volkssturmmänner!
In kurzer Zeit werden massierte russische Kräfte unseren Ort passie-
ren. Sorgt dafür, dass jedes Haus weiße Flaggen setzt und kein Schuß
fällt. Nur so können wir unsere Häuser und Wohnungen erhalten.
Verdächtige und anders eingestellte Volkssturmmänner sind sofort
festzusetzen. Werft nach Herannahen der russischen Kräfte Eure
Waffen weg und begebt Euch sofort nach Hause zu Euren Familien. [8]

Die Mahnung wurde befolgt. Vom Ortsgruppenleiter der NSDAP Fritz Müller gezwungen, sich in der Zeuthener Turnhalle einzufinden, wollten die Volkssturmmänner ihr Leben nicht für eine sinnlose Sache opfern, warfen ihre Waffen in den Umflutgraben am Feuerwehrdepot in Zeuthen und gingen zurück zu ihren Familien.

Die Rote Armee hatte im Raum Halbe am Rande des Spreewaldes die deutschen Wehrmachtsteile, die den Süden von Berlin verteidigen sollten, eingekesselt, zerschlagen und gefangen genommen. Auf dem Weg nach Berlin erreichten sie Miersdorf, wie ich sie vom Küchenfenster beobachtet hatte. Am frühen Nachmittag kam eine Abordnung der Roten Armee unter Führung eines Offiziers, des Majors Iwanow, ins Rathaus, wo sie bereits im Vorraum von dem Vertreter der KPD, das war Jahnke, und zwei Vertretern der SPD, das waren Gustav Wenske

und O. Großömigen, erwartet wurden. Die Insignien der nationalsozialistischen Diktatur hatten sie bereits entfernt. Sie erklärten ihre Be-
reitschaft, „alle Nazibonzen ihrer gerechten Strafe zuzuführen und für
das Wohl der Miersdorfer Bevölkerung alles Notwendige in die Wege
zu leiten". Der sowjetrussische Kommandant beauftragte Jahnke mit
der Überwachung der Tätigkeit der Gemeindeverwaltung und mit der
Bildung eines „Komitees Freies Deutschland". Außerdem wurde er
zum kommissarischen Bürgermeister von Miersdorf ernannt.[19]

Die Bildung von Antifa-Ausschüssen war ein Teilstück der beabsich-
tigten politischen Re-Organisation; die Bezeichnungen der Ausschüsse
waren unterschiedlich sowohl in der SBZ als auch in den Westzonen.
Für die SBZ waren ihre Aufgaben in den Antifa-Schulen des Natio-
nalkomitees Freies Deutschland festgelegt worden. Da die Einführung
der sowjetischen Gesellschaftsordnung unmittelbar nach dem Zusammenbruch der nationalsozialistischen Diktatur nicht möglich erschien,
sollten diese Ausschüsse Vorformen politischer Betätigung bilden. So
fanden sich Tante Martha und Kurt Steen, ihr Lebensgefährte, dort
auch gleich ein. Diese Vorläufigkeit entsprach auch dem Bestreben der
Gruppe Ulbricht, zunächst die Kader für die KPD zusammenzustellen
und erst dann parteipolitisch aktiv zu werden. Bereits Ende Juni 1945
wurden Antifa-Ausschüsse überall mit Hilfe, das heißt auf Befehl, der
örtlichen Kommandanten für Zivilangelegenheiten der Roten Armee
wieder aufgelöst. Das Entstehen einer Doppelherrschaft von KPD und
Antifa-Ausschüssen sollte verhindert werden. Nicht überall gelang
die Liquidierung auf einen Schlag; hinzu kam für die KPD die immer
deutlicher werdende Konkurrenz der SPD, die von der Bevölkerung der
SBZ als eine Art revolutionäre Volkspartei wahrgenommen wurde.[20]

In Miersdorf gab es alle diese Probleme nicht; hier entstand die SED
faktisch bereits im August 1945. Am 13. August trafen sich auf einer
gemeinsamen Sitzung Funktionäre der KPD und der SPD; ihre Sitzung
war einberufen worden vom Stellvertretenden Landrat des Kreises Teltow und Mitglied der Kreisleitung der KPD des Kreises Teltow Pfeiffer.
Dem Protokoll der Sitzung ist zu entnehmen, dass es zwischen KPD
und den anderen Parteien, insbesondere der SPD, Differenzen über
die Aufbauarbeit in der Verwaltung des Ortes und die Formen der gemeinsamen Beteiligung gegeben hatte. Pfeiffer schlug einen Arbeitsausschuss vor, der regelmäßig alle acht bis 14 Tage zusammentreten

sollte. Unter der Prämisse, dass alle „jedes Paktieren mit der Bourgeoisie weit von sich weisen", müsse eine Zusammenarbeit beider Parteien erfolgen, um die Spaltung der Arbeiterklasse zu überwinden. Wenske, SPD, wohnhaft wie wir in der Potsdamer Straße, erklärte sein Einverständnis, und der Arbeitsausschuss wurde gebildet. Fünf Genossen von der SPD sollten an der anschließenden Mitgliederversammlung der KPD teilnehmen.[21]

Im Herbst begannen wir für den kommenden Winter zu sorgen: die liegen gebliebenen Kartoffeln auf den abgeernteten Feldern zu sammeln, die Blätter der selbst gepflanzten Tabakstauden zu trocknen (da wir nicht rauchten, waren sie als Tauschobjekte gedacht), hin und wieder im nahen Wald nachts einen Baum zu fällen und möglichst gleich an Ort und Stelle in kleine Stücke zu zersägen. Ja, und dann vor allem: Kohlen zu klauen. In Zeuthen gab es auf der bald wieder zumindest eingleisigen Strecke ein Abstellgleis, auf dem die aus Richtung Cottbus kommenden Kohlenzüge fast jeden Abend bei absoluter Dunkelheit ca. zehn Minuten halten mussten, um einen aus Berlin kommenden leeren Zug passieren zu lassen. Das hatte sich schnell in Miersdorf und Zeuthen herumgesprochen, und so versammelten sich abends Bewohner in Abstellgleisnähe, um die Gunst der Abendstunde zum Kohlenklauen zu nutzen. Man versuchte, sich füreinander unkenntlich zu machen. Das gelang nicht immer, denn an einem Abend entdeckte ich die Frau des Bürgermeisters unter den Wartenden, was unsere Absichten, so schien es uns, halbwegs legitimierte.

Wir waren ein ausgesprochen erfolgreiches Team: Ich sprang auf den haltenden Zug und warf die Kohlen runter, wobei ich aufpassen musste, dass nicht ein Brikett meine Mutter traf, die die Kohlen einsackte. Die Säcke trug die starke Freundin meiner Mutter zum Wald, wo meine Großmutter mit einem Leiterwagen stand, der mit den Säcken beladen wurde. Ein bis zwei Zentner klaute man meistens; einmal betrug unsere Spitzenleistung annähernd fünf Zentner und noch dazu, übermütig, wie wir waren, eine herum liegende Holzbohle, die zur Befestigung der Schienen gebraucht wurde. Wir waren aber nicht die einzigen, die den sowjetischen Kommandanten am 17. Januar 1946 veranlassten festzustellen, dass „die Diebstähle an Kohlen auf dem Bahnhof in Zeuthen" zugenommen hätten. Als Enkelin von Holzdieben (was ich damals noch nicht wusste) hatte ich nicht den geringsten moralischen Kater.

Als am 13. März 1946 gegen zwei Frauen wegen Diebstahls „von dem in Zeuthen haltenden Kohlenzug" eine Strafanzeige gestellt wurde, betraf das keine von uns. Ungefähr zur gleichen Zeit wurden blendende Lichtmaste aufgestellt und Wachhunde stationiert. Dadurch wurde das fröhliche Kohleklauen zu gefährlich, und wir ließen es sein.[22]

Im Juli 1945

Das Jahr 1945 verbrachten wir wie Millionen Deutsche, wobei es vielen von ihnen schlechter ging als uns. Es begann mit dem Abbau der Gleisanlagen als Reparationsgut von Königs Wusterhausen nach Grünau. Jeden Morgen und jeden Abend hatten die Abbauer, darunter auch ich, einen immer längeren Weg zu bewältigen (zu Fuß!). Durch diesen Demontageakt war der gewohnte Weg nach Berlin abgeschnitten. Man musste nun entweder mit dem Fahrrad nach Grünau fahren (zuletzt auf gebrochenen oder geflickten Fahrradmänteln eher hoppelnd als fahrend, im äußersten Fall, wenn auch die Schläuche nicht mehr geflickt werden konnten, mit dem Vorderrad auf den Felgen). Ab Grünau ging dann die stark lädierte S-Bahn, meist mit Pappfenstern ausgestattet, ab. Oder man ging zu Fuß, meist beladen, bis Berlin-Schmöckwitz und fuhr von dort mit der Straßenbahn zur nächsten S-Bahn-Station. Als später die Dampfbahnstrecke wenigstens wieder eingleisig befahren werden konnte, waren die Eisenbahnwagen schon ab Königs Wusterhausen so überfüllt, dass man sich beim Zustieg in Zeuthen mit dem Trittbrett begnügen musste. Wer jung und gesund war, für den hatte das auch etwas Abenteuerliches.

Zu essen hatten wir bis zum Winter 1945/46 einigermaßen ausreichend aus Vorräten, aus der Ernte im Garten und durch kleine Tauschgeschäfte. Einmal war ein Rotarmist so nett, eine hinkende Kuh, die in der Herde auf dem Weg nach Russland zurückblieb, zu erschießen und uns, den nach Lebensmitteln streunenden Deutschen, zu überlassen. Das klingt fast romantisch – aber ziehen Sie mal einer Kuh das Fell ab und zerteilen sie mit Taschen- und Küchenmessern! Aber wir und unsere Umgebung hatten erst einmal für eine Weile Fleisch und Fett in unerwarteter Menge zur Verfügung. Auch Pferdefleisch war aus ähnlichen Gründen zu erwerben und eignete sich, in Essig eingelegt, besonders gut zu Sauerbraten. Auf dem Schlachtfeld um Halbe, wohin wir in einer Art Beutezug hinradelten, fanden wir nichts Brauchbares mehr. Die toten Soldaten waren schon beerdigt, nur die Pferdekadaver lagen noch herum – aber von denen stammte unser Pferdefleisch nicht! Am meisten aßen wir ja auch Kartoffeln mit Mehlsoße, deren Geschmack mit Kräutern variiert wurde. Das führte zu Wasser in den Beinen und zu einigen anderen kleineren Unbehaglichkeiten. Aber sonst erwies man sich als zähes Biest.

Wieder in Berlin

Verhältnismäßig früh, nämlich im Juni 1945, begann in Berlin wieder der Schulbetrieb, so auch in meiner Handelslehranstalt in Berlin-Neukölln, im amerikanischen Sektor. Wie aber angesichts der geschilderten Verkehrslage täglich nach Berlin kommen – hin und zurück jeweils anderthalb Stunden mindestens? Die Eltern von Lieblingsvetter Erich Wimmers erklärten sich bereit, mich aufzunehmen. Bedingung war, dass ich die Wochenenden in Miersdorf verbringen würde. Das klang harsch, war es aber nicht, wenn man bedenkt, dass nun vier Menschen in einer Einzimmerwohnung mit Küche samt Wanzen lebten, und zwar in der Prinzessinnenstraße nahe Moritzplatz. Zwei Monate ging alles relativ gut, dann wollten mich meine Verwandten wieder loswerden. Die Begründung war: Sie hätten von meiner aktiven Tätigkeit in der HJ nichts gewusst, und deshalb könnte mein Umzug nach Berlin wie eine Flucht aussehen. Das alles vertrüge sich nicht mit der jetzigen Stellung meines Onkels bei der Polizei. Ganz von der Hand zu weisen war diese Argumentation nicht, denn im August 1945 kam es auch in Miersdorf zu Verhaftungen von Jugendlichen wegen des Verdachts auf Betätigung für den „Werwolf". Auch ich stand auf der Liste der wegen „Werwolf"-Verdachts zu Verhaftenden, aber ich lebte ja bereits in Berlin…[23]

Ende August fiel die Entscheidung: Zurück nach Miersdorf, aber das hätte das Ende des Schulbesuchs bedeutet. Es kam anders: Die Frau des Stiefbruders meiner Mutter, der sich in Kriegsgefangenschaft befand, lebte mit zwei kleinen Söhnen im amerikanischen Sektor in SO 36 in der Wiener Straße 11 und nahm mich auf – zum ersten Mal in meinem Leben hatte ich sogar ein eigenes Zimmer. Else Heimann war eine unglückliche Frau; sie war von russischen Soldaten mehrfach vergewaltigt worden und geschlechtskrank geworden. Das machte sie so unglücklich, dass sie sich, als sie die Nachricht von der Heimkehr ihres Mannes aus amerikanischer Kriegsgefangenschaft erhielt, durch einen Sprung aus dem Fenster das Leben nahm.

Berlin-Mitte, Foto von 1945, Landesarchiv Berlin

Der Umzug Ende August vom Bezirk Kreuzberg III in den Bezirk Kreuzberg II wuchs sich beinahe zu einer Katastrophe aus. Fragebogen ausfüllen, abwarten, ob man nicht vielleicht doch wieder aus Berlin ausgewiesen werden würde, mehr als vier Wochen ohne Lebensmittelkarten, polizeiliche Anmeldung erst möglich, wenn diese ausgegeben worden waren. Am 18. September 1945 erhielt ich endlich die Zuzugsgenehmigung für Berlin-Kreuzberg II. Wenige Tage später musste ich mit meiner Freundin Hanna S. zur Polizei, wo sich alle NSDAP- und HJ-Mitglieder mit Fingerabdruck und langem Fragebogen registrieren lassen mussten. Wie man weiß, folgte daraus nichts; 1946 wurde vielmehr eine Jugendamnestie erlassen, die für alle nach dem 1. Dezember 1919 Geborenen galt.

In der Wiener Straße blieb ich bis Ende Januar 1946; warum ich auszog, weiß ich nicht mehr, wohl aber, dass ich ein möbliertes Zimmer mit Küchenbenutzung in der nahen Falkensteinstraße 34 für eine Miete von monatlich 30 RM beziehen wollte. Dazu kam es aber nicht, denn Lotti, eine der Töchter von Tante Mi und Onkel Max, nahm mich bei sich auf: Florastraße in Berlin-Pankow, also im sowjetischen Sektor Berlins. Bei Lotti gefiel es mir zunächst sehr gut, da ich mich nicht um den Haushalt und andere lästige Dinge zu kümmern brauchte und mich ganz dem Lernen verschreiben konnte, und dazu gehörte seit Juli 1945 Russisch-Unterricht. Die Mitglieder der Familie Tittel waren wieder eifrige Kommunisten, versuchten aber nicht, mich in ihr Boot zu ziehen. Im August 1946 wechselte ich wieder die Unterkunft, da die liebe Lotti aus der Einzimmerwohnung ein kleines Bordell gemacht hatte. Nun wohnte ich in Pankow in der Mühlenstraße 76 im selben (Garten-) Haus wie Tante Mi bei einer jungen Witwe, die fürchten musste, dass ein Teil ihres Wohnraums beschlagnahmt werden würde.

Im Oktober 1945 finden sich in meinen Aufzeichnungen[24] erstmals konkrete Hinweise darauf, wie ich mir meine Zukunft vorstellte:

Einen neuen Stundenplan haben wir heute bekommen, der ist gepfeffert: 3x wöchentlich bis 16.00 Uhr, die übrigen Tage bis um 14.00 Uhr, dann noch freitags von 18.00 bis 20.00 Uhr Russisch, im Ganzen habe ich 33 Stunden. Außerdem habe ich noch reichlich viel in Mathematik zu wiederholen bzw. zu lernen; denn ich will im Anschluss an die kaufmännische Fachprüfung gleich die mittlere Reife machen.

Nach der Schule will ich dann ca. zwei Jahre praktisch arbeiten, und zwar auswärts in Bayern oder Hannover, am liebsten in einem Verlag. Während dieser Zeit werde ich das Pauken nicht vergessen, werde mich auf das Abitur vorbereiten und die Bedingungen für die Sonderreifeprüfung ablegen und dann – ich werde wohl 18 ½–19 Jahre alt sein – will ich studieren. Mit dem Studium kann ich mit etwa 21 Jahren fertig sein. Ach so, was ich studieren will, Philosophie und evtl. Geschichte.

Als hätte es noch nicht genug Probleme gegeben, brach Ende des Jahres 1945 ein geharnischter pubertärer Konflikt mit meiner Mutter aus. Er wurde dadurch ausgelöst, dass meine Mutter zuerst mein von mir sogenanntes Schwarzes Buch[25], in das ich meine Überlegungen niederschrieb, und kurz darauf auch mein Tagebuch fand und darin gelesen hatte. Sie hielt mich nun, wie sie mir sagte, für „überkandidelt" und unrealistisch und sich selbst für überflüssig, weil ich bereits jetzt, mit 15 Jahren, ein eigenes Leben zu leben beginnen würde. Ich erklärte ihr, dass ich alles daran setzen würde, um zu studieren; sie aber war zwar damit nicht einverstanden, wollte mir aber auch keinen Stein in den Weg legen. Vermutlich war ihr das, was sie gelesen hatte, unheimlich; sicher war sie darüber enttäuscht, dass die Zweisamkeit zwischen ihr und mir, die sie nach dem Tod ihres Mannes wieder stabilisiert hatte, nun bereits zu Ende zu gehen schien. Außerdem traten nun auch Unterschiede zwischen uns in der Einschätzung des Nationalsozialismus, dem sie immer distanziert gegenübergestanden hatte, und nun der russischen Besatzungsmacht, der sie nach meiner Meinung zu unkritisch begegnete, erstmals offen zu Tage. Erst im April 1946 war der Konflikt ausgestanden, wenngleich seither eine leichte Distanz zwischen uns bestehen blieb. Die Brücke bildete die gemeinsame Erinnerung an meinen Vater und meine Einsicht, dass meine Mutter in meiner Kindheit viele Entbehrungen auf sich genommen, meinetwegen auf vieles für sich selbst verzichtet und mir den bisherigen Weg geebnet hatte. Nun aber wollte ich frei und selbstbestimmt leben können. Große Worte von einer kleinen Person.

Was nun folgte, ging aber wie Schlag auf Schlag in diese Richtung. Am 25. Februar 1946, also zwei Tage vor meinem 16. Geburtstag, konnte ich ins Tagebuch schreiben: „Ab 1. April 1946 habe ich eine

Stelle als Büroangestellte, 3monatige Probezeit, 60.00 RM im Monat, danach Tariflohn oder Erhöhung durch den Chef. Aufgaben: übliche kaufmännische Korrespondenz, Registratur, Lohnbuchhaltung." Die Firma war eine Genossenschaftstischlerei in Neukölln und hieß „Ideal". Am 1. April begann ich mit der Arbeit, ausgerüstet mit einem vorläufigen Abschlusszeugnis der Handelsschule. Aber bereits am 17. April notierte ich die nächste Neuigkeit: „Noch etwas Neues, von großer, ja größter Bedeutung. Es besteht für mich die Möglichkeit in 1 ½ Jahren zur Hochschulreife zu gelangen! Hurra!"

Am 5. Mai stellte ich aufgrund einer Ausschreibung in der sozialdemokratischen Tageszeitung *Das Volk* bei der Zentralverwaltung für Volksbildung der sowjetischen Besatzungszone den Antrag auf Zulassung zu den Vorstudienkursen der Berliner Universität und vermerkte auf dem Antrag, dass ich Philosophie, Pädagogik sowie Gesellschaftsphilosophie mit dem Ziel, Lehrer zu werden, studieren wolle. Die Frage, warum ich mich für die gewählten Fächer entschieden hätte, beantwortete ich so:

An die Spitze meiner Bemühungen habe ich den Lehrerberuf gestellt, da es für mich nur – und dies umso mehr nach meinen jüngsten Erfahrungen – das eine Ideal gibt: Junge Menschen zu erziehen im Geiste der wahren und ewigen Gesetze dieser Welt und damit mitzuhelfen, den Glauben an und die Ehrfurcht vor diesen Gesetzen in den Menschen aufrecht zu erhalten und die Menschheit ihre Aufgabe aus diesen Gesetzen ‚Gott zu dienen und seinesgleichen zu helfen' erkennen zu lassen.

Bereits am 13. Mai wurde ich zu einer mündlichen Prüfung bestellt und erhielt die Bescheinigung: „Helga Grebing ist zu den Vorstudienkursen für Studienanwärter ohne Abitur zugelassen worden." Am 20. Mai 1946 begann der Unterricht. Vorher hatte ich mich von den Genossenschaftstischlern verabschiedet, die mich mit den Worten ziehen ließen: „Vergessen Sie uns nicht, und wir wollen gute Freunde bleiben." Am 23. und 26. Juni legte ich quasi nebenbei die Abschlussprüfung an der Handelslehranstalt ab – mit „sehr gut" in den Fächern Maschinenrechnen, Wirtschaftskunde, Deutsch, Hauswirtschaftslehre und in weiteren zehn Fächern mit der Note „gut".

Befreit – wovon und wozu?

1945 – das Jahr, in dem mein Aufstieg zur BDM-Führerin abrupt zu Ende ging, aber auch das Jahr, mit dem eine Besinnungsphase begann, die sich alsbald als richtiger und beinahe riesiger Sprung nach vorne herausstellen sollte. Bereits im Mai/Juni 1945 begann meine Suche, wie Aufzeichnungen belegen, nach dem neuen Leben und seinen Prinzipien, noch sehr allgemein und eher konventionell pseudo-philosophisch. Eher zufällig gefunden als gezielt gesucht spielten Bildungsromane und Autobiografien hinein – Gottfried Kellers *Grüner Heinrich*, Jean-Jacques Rousseaus *Bekenntnisse* und sein Roman *Émile* sind mir in Erinnerung geblieben. Sie sollten ein ungezügeltes persönliches Freiheitsbedürfnis stützen und zur Auseinandersetzung mit den vermeintlichen oder tatsächlichen autoritären Ansprüchen von Erwachsenen fähig machen. Es ging mir weiter darum, für die „neue Welt", die ich suchte, Begriffe zu finden, die man ihr zuordnen konnte. Ich zitiere nur die Überschriften für meist lakonische Texte: „Das Leben und sein Sinn", „Recht und Pflicht", „Freiheit und Pflicht", „Abschied und Wiedersehen", „Über die Selbsttäuschung", „Erfahrungen", „Was ist Wirklichkeit?", was eine „Tatsache", eine „Grundlage", eine „Handlung"? Geklärt wird auch das Verhältnis zu Gott, der in den Texten öfter vorkommt:

> *Ich gestehe ganz offen, ich zähle mich nicht zu den Anhängern der „Christlichen Religion", weder zu den Protestanten noch zu den Katholiken, aber ich bin nicht glaubens- oder gar gottlos, ich glaube an Gott, den Schöpfer der Welt, den Lenker der Schicksale, an den Einen, an den Gott der Menschen, die leben und kämpfen wollen! Und ich glaube an Gott mit ganzer Seele, mit ganzem Herzen, weil ich fühle, dass ich auch eines seiner Werke bin.*

Zunehmend gewannen Jugend- und Erziehungsprobleme an Bedeutung und blieben es bis Ende 1946. Es begann mit „Der Mensch und seine Erziehung" im August 1945; es ging um „das moralische Abgleiten der Jugend in den letzten Jahren" im November 1945. Datiert auf den 17. Januar 1946, folgte dann der Text, mit dem ich mich in eine beschränkte Öffentlichkeit begab: „Die Jugend, die abseits steht".

Diesen Text gab ich unserer Deutschlehrerin und stellvertretenden Direktorin, Fräulein Schönewald, einer älteren Dame, wohl bereits pensioniert, die sich noch einmal, weil unbelastet, in die Pflicht hatte nehmen lassen. Die Resonanz war erheblich und bestand in einem zweistündigen Kommentar der Lehrerin und heftigen, teilweise kontroversen Diskussionen in der Klasse, die meinen als Klassensprecherin erworbenen neuen Spitznamen „Minister" befestigten.

Die Jugend, die abseits steht.
Das Jahr 1945 ist zu Ende, ein Jahr, das wir Deutsche wohl bis in unabsehbare Fernen nicht vergessen werden, ein Jahr der Umwälzungen, des Neues [sic!], ein Jahr der Entscheidungen. Nach einem solchen, an Ereignissen so reichen Jahr nimmt es wohl kaum wunder, daß auch wir Jungen einmal zurückschauen ins Vergangene, bei dem „heute" verweilen, aber auch unsere Gedanken in die Zukunft schicken. Man hört und liest heute so oft, daß wir, die Jugend, verraten und verkauft wurden, und das ist Wahrheit, bittere Wahrheit. Der Nationalsozialismus hat die deutsche Jugend schon an der richtigen Stelle angepackt, an der man sie anfassen muß, will man bei ihr Erfolg haben, nämlich: an ihrer Begeisterungsfähigkeit. Und um ganz sicher zu gehen, begann er schon [bei] den 10jährigen, bei denen selbständiges Denken noch in weiter Ferne lag und – das steht wohl fest – erzielte bedeutende Erfolge.

Es war schon Krieg, als wir, die heute 15, 16jährigen, in die HJ. eintraten. Wir nahmen das, was man uns vom Nationalsozialismus lehrte, was man uns vom Krieg sagte, als unbedingte Wahrheit hin, den Nationalsozialismus selbst als die Verkörperung des Guten. Wir glaubten, daß die Ideale, für die man uns begeisterte, auf jeden Fall die unseren waren. Und weil wir noch nicht zu eigenem Denken fähig waren, fehlte uns jede Spur von Kritik. Aber wir wollen einmal ganz ehrlich sein, hätte alles das, was man uns predigte, der Wahrheit entsprochen, wäre dann nicht alles wert gewesen, dafür zu leben? –

Wirklich, wir waren mit Begeisterung dabei und haben – wir sind ehrlich und aufrichtig genug, das zu bekennen – viele schöne Stunden erlebt, wir lernten auf Fahrten die Schönheiten Deutschlands kennen, waren vielleicht sogar im Ausland, lernten und sangen Lieder und schöne Lieder, suchten und fanden Kameraden, ja sogar Freunde, tru-

gen mit Stolz eine Uniform und taten, was man [von] uns verlangte mit einer geradezu fanatischen Pflichterfüllung. Kam Neues, Schweres dazu, dann sagten wir uns, die wir mit unseren 13, 14, 15 und 16 Jahren aufgeweckter waren, als die meisten unserer Kameraden: „Es ist für eine gerechte Sache." Gab es dann hie und da Erwachsene, oft waren es sogar unsere Eltern, die uns warnten, uns plausibel machen wollten, daß dieses System unmöglich von Bestand sein könne, glaubten wir ihnen nicht und nannten sie in unserem Innern verknöchert und verkalkt, Skeptiker, Pessimisten, für nichts mehr zu begeistern. Und warum taten wir das? Es ist immer wieder das gleiche, so oft wir uns diese Frage vorlegen, soviel wir darüber diskutieren: Wir waren eben mit der ganzen großartigen Begeisterung, die nun einmal nur der Jugend zu eigen ist, bei der Sache, die wir als gut, sauber, ehrlich, als unser Ideal wähnten.

Als wir dann langsam und erschreckend spät anfingen zu denken, womit sollten wir denn vergleichen? Wir kannten doch nur das Eine! Dann kam der Zusammenbruch! Nach dem, was ich eben ausführte, kann sich wohl ein jeder, der es will, vorstellen, wie es in unserem Innern aussah und noch aussieht. Wir weigerten uns einfach, die Wahrheit für Wahrheit zu nehmen. Und wenn wir in unserem Mißtrauen alles andere, was in der vergangenen Zeit geschehen sein sollte, als augenscheinlich unwahr ablehnten, um das Eine kamen wir nicht herum, um den Zusammenbruch an sich, der schon genügend dafür spricht, wie sehr man uns betrogen hat. Alles wäre noch zu ertragen gewesen, aber daß wir unsere Ideale so plötzlich, so unvorbereitet zertrümmert vor uns liegen sahen, das war das Schlimmste, und die Erkenntnis, wie sehr man unsere Begeisterung ausgenutzt hatte, unseren Glauben an das Gute und die Tatsache, daß wir ohne Lebenserfahrung waren, war eine sehr, sehr bittere. Und ich empfinde den Menschen gegenüber, gegen die heute in Nürnberg verhandelt wird, nichts anderes als Verachtung, tiefste Verachtung. –

Und heute? Versucht man uns nicht wieder zu begeistern? Man ist vielfach ungehalten darüber, daß ein großer Teil der Jugend mit nur wenig Teilnahme dem heutigen Geschehen gegenüber steht. Man versucht auch, uns darüber Vorwürfe zu machen. Dazu ist zu sagen: Das ist uns nur ein Beweis[,] wie wenig man uns kennt, und dann, Vorwürfe zu machen, ist an uns. Ich frage nur: Warum haben die heute führenden Persönlichkeiten uns nicht früher von dem Widersinn dieser Weltanschauung überzeugen können? Warum tun sie es heute in einer Art, die wir einfach ablehnen müssen, weil wir in ihr das gleiche wie das Vergangene sehen? Jugendausschuß! Gewiß, für viele der Jugend ist dieses – das folgende ist ohne jede Ironie gesagt – das, was sie suchen. Aber was dem einen recht ist, ist dem anderen billig. Uns kann man nicht gewinnen, indem man uns das alte Prinzip in nur etwas abgewandelter Form wieder auftischt, d. h. uns wieder begeistern will! Wir können uns nicht begeistern für Dinge, die wir nur dem Namen nach kennen, dazu ist unsere Begeisterung zu hart angeschlagen, dazu haben wir viel zu viel Lehrgeld gezahlt! Wir wissen nicht, was Demokratie in Wirklichkeit bedeutet, wir wissen fast nichts von Marx, Engels, Liebknecht, Bebel, vom Kommunismus, vom Bolschewismus, vom Sozialismus. Wir kennen die antifaschistischen Parteien nur dem Namen nach, ihre Ziele, Pläne im einzelnen sind uns unbekannt. Warum bringt man uns das nicht nahe, vielleicht durch unsere Lehrer und Erzieher? Wir sind nicht, wie es vielleicht für den nur oberflächlichen Beobachter aussieht, davon abgeneigt, im Gegenteil, wir wollen uns ja wieder Ideale suchen und tun das eben auf eine andere Art und Weise, wie es vergangene Generationen der Jugend vor uns getan haben, weil wir in diesem Punkte schon Erfahrungen haben. Und warum versucht man, uns das Neue durch Dinge näher zu bringen, die doch in der Wirklichkeit so ganz anders aussehen? Die Einheit der Parteien – die Wirklichkeit? Achtet Eure Besieger! Aber es ist schwer die zu achten, die unsere Mütter und Schwestern vergewaltigten, unser Hab und Gut, das wir noch besitzen, nehmen. Gewiß, sie haben ein Recht dazu, es sind unsere Besieger; aber wir wollen das, was wir zu zahlen haben, freiwillig geben. – Wir müssen tagtäglich fühlen, daß alles andere eine größere Ehre ist als die, Deutscher zu sein. Wir suchen die Nächstenliebe und erfahren, daß sich heute jeder selbst der Nächste ist. Wir sehen deutsche Männer aus der Kriegsgefangenschaft heimkehren, namenloses, unendliches Leid seelischer und körperlicher Natur spricht aus ihren Zügen, aus ihren Augen, und wie werden sie behandelt? Bodenreform-Schulreform, es ist längst nicht alles so, wie es in den Zeitungen steht. Korruptionswirtschaft, Denunziantentum werden abgelehnt – die Wirklichkeit? Ich will glauben, daß die maßgeblichen Stellen auf jeden Fall der ehr-

lichen Absicht sind, diese Probleme und Fragen zur Zufriedenheit aller zu lösen, ich glaube auch, daß es im heutigen Deutschland sehr, sehr schwer ist, Ordnung zu schaffen und zu halten, aber wir sind eben mißtrauisch geworden!

Was aber bringt man uns erst über die vergangene Zeit? Wir sind nicht über die Landstraße „getrampelt", wir haben mit 12 Jahren keine „heimlichen Kinder" gehabt, wir warfen uns nicht SS-Männern an den Hals, man verlangte nicht, daß wir unsere Eltern denunzieren sollten. Nein, damit imponiert man uns nicht, was wir erlebten, vergessen wir nicht, das Schlechte nicht, das Gute aber auch nicht! Wenn man heute in verschiedenen Kreisen unser Abseitsstehen als Reaktion deutet; wir werden diese Kreise früher oder später davon überzeugen, wie sehr sie sich irrten. Weil wir abseits stehen, sind wir Jugendlichen noch lange keine Reaktionäre, für uns ist dieses Abseitsstehen nur eine Selbstprüfung, wir müssen erst mit uns selbst fertig werden, und man darf nicht vergessen, daß die Wunde, die uns die vergangene Zeit schlug, tief und schwer war und uns viel Blut kostete. Darum soll man uns endlich verstehen, uns Zeit und Ruhe lassen, wir wollen das Neue erst klar und deutlich erkennen und vor uns sehen. Sollte es allerdings unter denen, die abseits stehen, solche geben, die tatsächlich Reaktionäre sind, denen muß man das aus dem Kopf schlagen. Wir anderen aber, die wir uns ehrlich durchringen und schon am Ende dieses Ringens stehen, auf uns kann man rechnen, auf jeden einzelnen, dazu sind wir viel zu sehr Deutsche, um abseits stehen zu können. Eines wissen wir heute schon, und das ist die Grundlage für das weitere: Schuldig sind wir in irgend einer Weise alle, ob wir nun die Schuld bewußt oder auch unbewußt auf uns luden, den Wagen, den wir alle miteinander in den Schmutz fuhren, müssen wir alle wieder, mit vereinten Kräften, aus dem Schmutz ziehen und säubern.

Wir, die Jugend, auch die wir heute noch scheinbar abseits stehen, werden uns wieder, koste es was es wolle, unser Deutschland zurechtzimmern, wir werden einen Staat schaffen, in dem die Freiheit des einzelnen oberstes Gesetz ist, jedoch die Freiheit jener Menschen, deren Wille nicht gegen die Gesetze der Menschheit verstößt, sondern deren Wille diesen Gesetzen entspricht.

17. Januar 1946[26]

An diesem Text erscheint mir im Nachhinein nicht nur die Anstrengung, sich vom Nationalsozialismus zu lösen, erkennbar, sondern auch die skeptisch-kritische Distanz zu den Erwachsenen und ihren Anforderungen an die HJ-Generation, sich auf ein ganz und gar alternatives Unbekanntes einzulassen. Es wurde, so war zeitgleich mein Eindruck, zu viel von der Jugend erwartet, und daraus resultierte deren Empörung darüber, von wie viel Unkenntnis diese Erwartungen begleitet waren. Es handelte sich um ein Autoritätsproblem, das doppelt auftrat: einmal als Anspruch, die gleiche Augenhöhe mit den Erwachsenen erreicht zu haben, und dann als Bemühen um den Wechsel von konträren inhaltlichen Positionen. So wird verständlich, wie besorgt Antifaschisten 1945/46 vor dem Hintergrund ihrer Bemühungen um ein anderes, demokratisches Deutschland gewesen sein mussten, wenn sie sich den Zustand der Hitlerjugend-Generation vergegenwärtigten.

In einem weiteren Aufsatz einige Monate später versuchte die „Jungschriftstellerin" durch Differenzierungen noch mehr Klarheit zu gewinnen.

Zum Jugendproblem

Das Problem, über das heute am meisten diskutiert wird, ist zweifellos das der Jugend. Die mannigfaltigsten Meinungen und Versuche, der Seele der Jugendlichen näherzukommen, sind schon zutage getreten, ohne daß einer, so behaupte ich, den Nagel auf den Kopf getroffen hat.

Der Kern jeder bisherigen Diskussion war die Stellung der Jugend in und zu der neuen Zeit und ihre heutige sowie vergangene Stellung zu der hinter uns liegenden Zeit. Erfahrene haben dazu versucht, der Jugend, soweit sie nicht schon selbst dabei war, auf den richtigen – allerdings nach ihrer Meinung – Weg zu bringen. Und die Jugendlichen selbst, die sich zum Wort meldeten, klagten zum Teil die älteren an, z. T. versuchten sie, diesen ihre Seelennöte zu offenbaren.

Zunächst ist die Frage die, wer zu den die Diskussion betreffenden Jugendlichen gerechnet werden kann. In Frage kommen doch nur die Jugendlichen, bei denen das Stadium ihrer Reife fest in der vergangenen Zeit verankert war.

Alle anderen jungen Menschen können von vorn herein ausgeschaltet werden, denn sie hatten ja gleich den Erwachsenen Gelegenheit zum Vergleichen und Freiheit zu denken.

Man muß von Anfang an 4 Gruppen innerhalb der oben umfaßten Jugendlichen Deutschlands unterscheiden: a) Teile der Jugend, die schon während der 12 Jahre gegen die nationalsozial. Weltanschauung standen, b) Die Jugend, die der HJ angehörte und bereits den Weg ins Neue gefunden hat, c) die restlichen ehem. HJ-Angehörige[n,] d) asoziale Elemente.

Betrachten wir die ersten.

Ich benannte sie eingangs als diejenigen Teile der Jugend, die schon während der vergangenen Zeit außerhalb der nationalsoz. Jugendorgan. und damit außerhalb der Weltanschauung selbst standen. Um sich diese Einstellung der Jugendlichen zu erklären, ist es nötig, die Motive für die Handlungen derselben kennenzulernen. Man muß die Frage nach den Motiven jedoch individuell betrachten. Aber ich will versuchen, für die Fülle der Tatsachen eine allgemeine Definition zu finden. Unmöglich ist zunächst einmal, daß diese Jugendlichen vollkommen bewußt antifaschistisch wurden, dazu waren sie (14–18) wohl kaum fähig. Es muß sich hierbei – trat die nat. Weltanschauung an die Jugendl. heran – [um] eine gefühlsmäßige Reaktion handeln, eine instinktive, für den Jugendlichen selbst durch nichts erklärbare Bewegung, Abneigung. Die Atmosphäre der nat. Jugenderziehung, die Zwang, keinen Anspruch auf individuelle Freiheit, in sich trug, die stärkste Züge des preuß. Militarismus in sich vereinigte – um nur wenige Faktoren zu nennen, vertrug sich einfach nicht mit ihren charakterlichen Anlagen und ihrer sel. Veranlagung. Und infolgedessen, weil eben sich ihre geistig[en] u. seel. Kräfte nicht mit dem Nat. vertrugen, wandten sie sich ihm erst gar nicht zu oder später ab. Diese Handlung war also – wie schon oben erwähnt – mehr vom Gefühl diktiert als vom Verstand beeinflußt, weil es ein Merkmal der Jugend ist, mehr mit Intuition u. Instinkten zu arbeiten. Aus dieser ursprüngl. gefühlsm. Abneigung entstand dann allmählich, nachdem die Jugendl. reifer geworden waren, d. h. denkfähig, weil nicht dem Rausch der nazist. Ideologie verfallen, die mit dem Verstand unterbaute Ablehnung der nat. Weltanschauung, die darin ihren Höhepunkt fand, daß sich diese Jugendlichen im Verein mit erfahrenen, aktiven Erwachsenen mit Wort und Tat gegen das hitler. System wandten.

Eine große Rolle bei den Jugendl. spielte die absichtl. noch nicht erwähnte Erziehung. Es ist unmögl., daß Jugendl. soviel geistige Kraft besitzen, sich eine völlig unbeeinflußte wie auch „hieb- und stich-feste" Anschauung zu bilden. Der Grund dafür liegt darin, daß der Jugend dazu Erfahrung, Wissen und schließl. auch die Fähigkeit eines scharfen Denkens fehlt. Das einzige, was die Jugend hat, sind Gefühls-kräfte – die ja wie sie angeleitet werden, zu großen Leistungen führen können. Daß sich bei diesen Jugendl. aus der anfänglich gefühlsm. Ab-neigung eine klare und aktive Entgegenstellung bildete, liegt einmal daran – wie oben bereits ausgeführt – daß die nat.soz. Weltanschau-ung keinen Einfluß auf sie ausübte und daß eine Erziehung, ich meine eine planmäßige Steigung und Ausbildung der antifasch. Grundein-stellung durch aktive Gegner des Nat. (Erwachsene also) einwirken konnte.

Von [d]iesen Jugendlichen glaube ich, daß sie, nachdem sie ver-mochten, dem Nat. auszuweichen, auch für das neue Deutschland den rechten Weg finden und im Verein mit anderen Jugendl. gehen werden.

Daß es Jugendl. in der vergangenen Zeit gegeben hat, die aus die-sen eben erwähnten Motiven weit entfernten Gründen nicht dem Nat. huldigten, sei hier erwähnt. Ihre nähere Behandlung findet sich im Abschnitt üb. asoziale Elemente.

Das wesentl. Merkmal der 1. Gruppe ist also: die charakterl. Ge-bundenheit ihrer Haltung gegen den Natsoz.

Die nächste Gruppe, über die ich meine Ausführungen niederlegen will, sind die ehem. H.J. Angehörigen, die schon wieder im Neuen stehen.

Die erste Frage, die zu stellen ist, lautet: Warum waren diese Ju-gendl. Angehörige der HJ und warum waren sie es zum größten Teil mit Leidenschaft?

Schon die 10jähr., denen jegl. selbst. Denken noch weit entfernt lag, wurden in die Organisation gesteckt, jedoch der größte Teil der Jugend reihte sich schon selbst aus jugendl. Sensationsdrang, Taten- und Er-lebnisdrang und aus der Suche nach Idealen heraus, selten auf Ver-anlassung Erwachsener ein. Die Jugendlichen lernten nun in der Folge-zeit nichts anderes kennen als die nat.soz. Weltanschauung, den [sic'] sie in ihrem jugendl. Überschwang und in Vertrauensseligkeit als Ver-körperung des uneingeschränkten Wahren und Edlen, als ihre Weltan-schauung ansahen. Alles, was man von ihnen verlangte, nahmen sie als

Notwendigkeit und für eine gerechte Sache hin und führten alles Verlangte mit der ihr [sic!] eigenen Feurigkeit aus, mit der gleichen Feurigkeit und Unüberlegtheit verteidigten sie den Nationalsozialismus den denkenden Erwachsenen gegenüber, die versuchten, die Jugendlichen zu bremsen, sie von dem Widersinn dieser Weltanschauung zu überzeugen. Diese Erwachsenen, oft waren es sogar die eigenen Eltern, wurden verachtet, für nichts mehr Neues zu begeistern angesehen. Diese Jugendl. waren so sehr dem Nat. verfallen, daß ihr Patriotismus noch nie dagewesene Höhepunkte erreichte: Knaben mit 16 meldeten sich als Kriegsfreiwillige, 17–18jährige starben unter grausigen Schmerzen den Tod auf den Schlachtfeldern, Mädchen von 15/16 Jahren gehörten – wie auch gleichaltrige Jungen – gehörten [sic!] der Feuerwehr und dem Luftschutz an, 18–20jähr. wurden Flakhelferinnen, andere lernten mit Pistole und Panzerfaust umzugehen. Und alles tat diese Jugend im Glauben an das Gute, in dem Glauben, ihrem Volk durch ihre Taten nützen zu können. Man kann das Blatt drehen und wenden wie man will, es ist immer das gleiche: Die Jugend war mit der ganzen ihr eigenen Begeisterungsfähigkeit bei der Sache.

Gab es dann im Laufe der Zeit Jugendl., in den meisten Fällen handelte es sich um solche, die die Herzlosigkeit und schier unfaßbare Grausamkeit des modernen Krieges am eigenen Leibe erfahren mußten, die über Geschehnisse und über den Wert dessen, dem sie sich bisher hingegeben hatten, nachzudenken begannen, womit sollten sie vergleichen? Wer sollte, konnte ihnen sagen, was wertvoll und edel war, so galt und was verdammungswürdig und zu bekämpfen war. Selten war jemand da, der diesen mit solchen Fragen ringenden Menschen half, weil die Erfahrenen es vorzogen, lieber zu schweigen, als zu sagen, was Wahrheit bedeutete. Selbstverständlich spielten hierbei die während des Krieges herrschenden Verhältnisse eine Rolle. Die Eltern, mit denen in solchen F[ä]llen Jugendliche gern vertrauensvoll und offen sprechen und es zweifellos auch in der vergangenen Zeit tun wollten, waren zu sehr beschäftigt, bzw. standen im Felde, als daß sie Zeit fanden für ihre Kinder und daß vor allen Dingen, was sonst als natürlich angesprochen werden muß, ihnen von den inneren Kämpfen ihrer Kinder nichts gewahr wurde. So standen die Jugendl. ganz auf sich selbst gestellt und – dies ist wiederum natürlich – vertieften sich in die Lehre des Nat. – was ja schließlich der Zweck der Sache für die nat. Führung war.

Nur wenigen Reifen gelang es, allein auf sich gestellt, zur Wahrheit zu finden und zu Gegnern des Nat. zu werden.

Dann kam die Kapitulation. Nach meinen Ausführungen ist es jedem klar, wie es nun in den Jugendlichen aussehen mußte und lange Zeit noch aussah.

Es war sehr schwer für die Jugendlichen – wieder nur auf sich selbst gestellt, – aus den Trümmern ihrer Ideale herauszufinden. Allen Dingen, die man ihnen über die Vergangenheit brachte, stand[en] sie mit Skepsis gegenüber, jedoch um eines kamen sie auch in ihrer Skepsis nicht herum: um die Tatsache des Zusammenbruchs. Eigentlich wäre alles noch zu ertragen gewesen, aber die Ideale, die man jahrelang als höchstes Gut in seinem Innern getragen hatte, so plötzlich vor sich in Trümmern zu sehen, kostete viel Kraft. Und die Erkenntnis, zu welchen menschenunwürdigen Dingen man die Jugend mißbraucht hatte, wie sehr man ihre Begeisterungsfähigkeit und ihren Glauben an das Gute ausgenutzt hatte, diese Erfahrung war eine sehr, sehr bittere Enttäuschung, aber zugleich Anfang für das Neue.

Man muß – will man objektiv sein – zugeben, daß die Stellung der deutschen Jugend noch verhältnismäßig passiv ist. Auf die Gründe hierfür komme ich später zu sprechen. Aber wenn man heute die Jugend für Interessenlosigkeit, Reaktion und innere Leere hält, so begeht man grobe Fehler.

Denn aus diesen bitteren erlittenen Erkenntnissen heraus, weiß die Jugend – will sie sich nicht untreu werden – daß sie zu ihrem Volke gehört, daß sie dabei sein muß, wenn es an die Neug[e]staltung unseres deutschen Staates geht, ja daß sie ausschlaggebend ist. Diese Jugendl. werden dabei sein, wenn es gilt, einen deutschen Staat zu schaffen, weil es um Deutschland geht.

Ich gehe nun zur 3. Gruppe der deutschen Jugend über, bei der es sich um den weitaus größten Prozentsatz handelt. Es handelt sich hierbei um diejenigen Jugendlichen, denen man den Vorwurf der Interessenlosigkeit macht. Aber auch innerhalb der Gruppe sind noch Unterschiede zu machen.

Da sind zunächst einmal die, die heute im Pubertätsalter stehen. Auch sie waren begeisterte Anhänger der H.J. und haben vielleicht persönlich durchaus nichts Nachteiliges erlebt, im Gegenteil, sogar vielfach nur Positives erfahren. Diese Jugendlichen, die sich noch an der Schwelle der Reife befinden, können noch nicht über ihren eigenen, engen, vorwiegend egoistischen Gesichtskreis [...] heraus, sie betrachten also die Dinge von sich aus, anstatt vom Gemeinsamen auszugehen. Ihnen ist zum Teil auch noch unklar – im Streit der Parteien – worum es heute zu gehen hat, sie sehen nur vieles, was sich mit dem Vergangenen sehr ähnelt und glauben daraus den Schluß ziehen zu können, es lohne sich nicht, sich für eine Demokratie einzusetzen. Diese Jugendlichen zu überzeugen, daß es sich wohl noch lohnt, für die Freiheit und für Gerechtigkeit zu kämpfen und sie reif zu machen für die Aufgaben, die der deutschen Jugend harren, ist Pflicht aller verantwortungsbewußten Erzieher. Es muß von ihnen mit Ernst und äußerster Intensität gearbeitet werden, es gilt, wertvollen Menschen den rechten Weg zu weisen.

Es wäre am richtigsten, die Jugendlichen allmählich und unaufdringlich [mit] dem neuen Gedankengut bekanntzumachen und sie beobachten, damit sie nicht Elementen, die man nazistisch heißt, in die Hände fallen.

Bei dem nächsten Teil handelt es sich um den Durchschnitt der deutschen Jugend, der ebenfalls in der HJ war und sich noch nicht zum Neuen und Wahren bekannt hat. Auch er bedarf der Lenkung durch Erzieher, jedoch sollte man größte Vorsicht walten lassen, da auch hier die Skepsis in starker Dosis vertreten ist. Um einen Vorschlag zu machen, ist es am Erfolgversprechensten [sic!], wenn man diesen Jugendlichen, die weniger idealistisch und schwerer zu begeistern sind, mit Realitäten begegnet, ihnen Arbeit und Verdienstmöglichkeiten schafft. Wichtig erscheint mir, daß [...] diese Menschen in der Zukunft nicht – wie es die Nazis taten (nomineller PG) – mißbraucht werden von politischen Gruppen, die Macht zur Beeinflußung [sic!] besitzen.

Die nächste zu behandelnde Gruppe sind die Unbelehrbaren, die dem zukünftigen deutschen Staat gefährlich werden können. Es sind dies die Jugendl., die ganz dem Nazismus verfallen waren und sind, weil dieser ihren Charakteranlagen entspricht. Diese Jugendlichen wären später – wäre es nicht zum Zusammenbruch des 3. Reiches gekommen – im wahrsten Sinne des Wortes zu Träger[n] des Nat. geworden, was ihre Gefährlichkeit begründet und erklärt. Auch hier muß der heutige deutsche Lehrer eingreifen und zwar bei diesen Jugendlichen, wenn es nötig ist, mit Radikalismus, damit sie sich in Zukunft nicht reaktionär betätigen und den Wiederaufbau stören. Auf jeden Fall muß man Vereinigungen, die sich bilden wollen, systematisch bekämpfen, was ja auch z. Teil schon geschieht. Betont werden muß, daß es sich bei diesen Jugendlichen zum großen Teil um durchaus nicht unintelligente Menschen handelt. Jedenfalls wird es viel Arbeit und viel Mühe kosten, diese Menschen dem Staat ungefährlich zu machen.

Wichtig ist noch, bei diesen Jugendlichen nicht nur diese selbst zu beobachten und zu betrachten, sondern auch ihre Eltern.

Ich komme nun zu der letzten Gruppe der deutschen Jugend: zu den asozialen Elementen. Dies sind junge Menschen, die moralisch wie auch geistig völlig „versumpft" sind. Der Tiefstand ist einmal bedingt durch die charakterlichen Eigenschaften der betreffenden Jugendlichen wie auch durch die genossene Erziehung, durch die ja die charakterlichen Anlagen noch ausgebildet wurden, aber auch durch die augenblickliche allgemeine Not. So hat also in diesem Falle der heute oft und dabei häufig gedankenlos gebrauchte Satz: „Die Wurzel allen Übels ist die vergangene Epoche" seine volle Gültigkeit. Das Resultat, das sich uns heute zur Schau stellt, ist so niederschmetternd, daß man in Frage stellen muß, ob noch etwas zu retten ist.

An Leib und Seele kranke, licht- und arbeitsscheue, häufig zu Kriminellen gewordene, haltlose junge Menschen ohne Gemeinschaftsgefühl und sittliche Regungen, kurz, Menschen, die in ihrer Entwicklung anstatt den Weg nach vorwärts zu sich selbst zu finden und damit zu Menschen zu werden den der Rückentwicklung einschlugen – wohl bemerkt ohne gewollte eigene Schuld. So wichtig nun aber die Feststellung des Resultats ist, von noch größerer Bedeutung ist das Inangriffnehmen von Möglichkeiten zu einer Hilfe; mir scheint das einzige, was sich tun läßt, folgendes zu sein: Wendet hier – wenn es auch wider die heute geltenden Auffassungen ist – Zwang an, gebraucht Zwang nicht im Sinne von Gewalt, sondern im Sinne von mit allen Mitteln hervorzurufene[r] geistige[r] und seelische[r] Entwicklung.

Die Lehre, die sich für die Zukunft ergibt, heißt: Der Staat hat die Pflicht, der Jugenderziehung die allergrößte Aufmerksamkeit zu widmen!

Das Letzte wäre eine Lektion für die Erwachsenen. Der häufig zitierte Satz: „Unsere Jugend ist reaktionär!" ist, wie Vorstehendes ergibt, immer zu Gunsten unserer Jugend widerlegt worden: Wo es

1. April 1946

Der erste Tag der neuen Arbeit ist vorbei - ein Urteil kann ich mir noch nicht erlauben, aber es verspricht, gut zu werden.

Himmlische Ruhe, freundliche Gesichter, eigener Schreibtisch, tadellose Schreibmaschinen, eine Möglichkeit des Geldverdienens - Arbeit! -

SPD-Urabstimmung in Berlin, außer russischer Sektor! Ergebnis: Ablehnung der sofortigen Vereinigung beider Parteien [SPD und KPD], im Prinzip für Zusammenarbeit. Adé, Einheitspartei!

In den nächsten Tagen werde ich mich 'mal auf dem vom Alliierten Kontrollrat herausgegebenen Reparationsplan stützen, die brit. Presse ist ungehalten über ihn - deutscherseits schmiert man den Siegermächten Honig ums Maul. - Das spricht!

2. April 1946

Mit großer Interesse habe ich die Artikel über die Aushebung von NS-Organisationen in Süd- und Nordwestdeutschland gelesen. Es handelt sich hierbei um eine von ehem. HJ.-Führern unter der Tarnung von Industrieunternehmen, aus Geldern der H.J. aufgezogene Organisation, bestehend aus ehem. höheren Angehörigen der H.J. Diese Organisation hatte den Zweck, nach geeigneter Zeit die NSDAP wieder „aufleben" zu lassen. Über 1000 Personen wurden bisher von britisch-amerikan. Streitkräften festgenommen, darunter auch Artur Axmann. –

Ich bin sehr beruhigt darüber, daß man dieser Organisation auf die Spur gekommen ist und nun nichts mehr unversucht läßt, sie restlos auszuheben, jawohl! Denn ich habe mit dem Nationalsozialismus endgültig gebrochen und werde gegen ihn stehen, in Wort und auch in der Tat, wenn es das Wohl Deutschlands verlangt. Ich habe eingesehen, daß der Nationalsozialismus eine Weltanschauung darstellt, die so, wie sie sich zeigte, sich gegen die Gesetze Gottes und damit gegen alles Sein auf dieser Welt verstößt und infolgedessen kein Recht auf Existenz hat.

Freilich, den Kurs, der z. t. gefahren wird, den kann es auch nicht weitergeben und weitergehen, möge sich aber aus ihm die Weltanschauung, die Staatsform bilden, die Deutschland endlich das gibt, was es braucht.

Der einzige Weg für unser Volk, wieder zu Achtung, Ehre und Würde zu gelangen, ist der, eine wirklich allen Menschen Segen bringende Lebensanschauung aufzustellen und – zu verwirklichen.

Das Fiasko um die Einheitspartei dauert an.

aussieht, daß die Jugend reaktionär ist, da wird es sich zeigen, daß dies die Schuld der Erzieher ist!

Wie sollen wir Jugendlichen vor denen Achtung haben, die noch vor 2 Jahren „Heil" schrien und sich heute bemühen, alles das, was sie einst predigten, zu verdammen? Wie soll die Jugend Achtung vor Menschen [haben], die ihr vorwerfen, sie sei „naz. verseucht", die aber in Wirklichkeit die Misere der letzten 12 Jahre verschuldeten. Denn wofür wird die Jugend in den nächsten Jahrzehnten schuften müssen? Für die Trottelhaftigkeit der Generation ihrer Väter und Großväter.

Wie soll die Jugend Parteipolitiker achten, die ihr in den gleichen Tonarten wie die der letzten Epoche begegnen? Wie kann die Jugend Dinge gut heißen, in denen sie das genaue Abbild der letzten 12 Jahre sieht? Niemals wird die Jugend, die so Schweres erlebte, feststellen können, daß sie in der heutigen Prominenz und Intelligenz Vorbilder hat!

So bedauerlich dies ist, die brennende Frage bleibt immer die gleiche: Was wird aus den Menschen, denen der neue Weg gewiesen werden muß? Es bleibt nichts anderes übrig, als die Forderung aufzustellen: Jugend hilf Dir selbst![27]

Auffallend ist an diesem Text eine auf mich heute beklemmend wirkende Rigidität (besonders in den letzten Abschnitten) meiner Vorschläge für die Jugenderziehung – das war nicht nur streng genommen Nazi-Jargon, sondern nationalsozialistische Ideologie pur, nur eben unter anderen Vorzeichen. Doch eigentlich befand ich mich inzwischen bereits auf der nächsten Reflexionsstufe; denn im April 1946 war es so weit, dass ich ins Tagebuch schreiben konnte (anlässlich der Aushebung von NS-Organisationen in Süd- und Nordwestdeutschland):

Ich bin sehr beruhigt darüber, dass man dieser Organisation auf die Spur gekommen ist und nun nichts mehr unversucht lässt, sie restlos auszuheben, jawohl! Denn ich habe mit dem Nationalsozialismus endgültig gebrochen und werde gegen ihn stehen, in Wort und auch in der Tat, wenn es das Wohl Deutschlands verlangt. Ich habe eingesehen, dass der Nationalsozialismus eine Weltanschauung darstellt, die so, wie sie sich zeigte, sich gegen die Gesetze Gottes und damit gegen alles Sein auf dieser Welt verstößt und infolgedessen kein Recht auf Existenz hat.

Gleichzeitig begannen mich auch die konkreten politischen Entwicklungen zu interessieren, wobei es im Wesentlichen um die Rekapitulation von Zeitungslesefrüchten ging. Zweierlei fiel mir bei der Nachbetrachtung auf: die scharfe Kritik an der „Ausplünderung" Deutschlands durch die „Sieger" und die zunächst abwartende Einstellung zur Gründung der SED, die sich allerdings alsbald zu einer strikten Ablehnung wandelte.

Konfrontiere ich das, was ich 1945/46 aufgeschrieben habe, mit den inzwischen reichhaltig vorhandenen Thesen über die Jugend in Deutschland zwischen Nationalsozialismus und demokratischem Wiederaufbau, finde ich viele Parallelen, aber auch einige Abweichungen. Die These von der zweiten, der Gegensozialisation wird bestätigt. Vieles, fast alles wurde mental und bewusst korrigiert, aber in welche Richtung und mit welchen Inhalten ist sehr verschieden und auch phasenbedingt. Eigentlich musste alles noch einmal neu erfunden werden, zumal ja auch nichts vorhanden blieb, woran 15-,16-Jährige hätten rückblickend anknüpfen können. Es stellt sich daher die Frage, ob nicht Überhänge aus der NS-Zeit erhalten blieben, ohne analytisch erkennbar zu werden. Ich persönlich weiß das bis heute nicht genau. Hinzu traten, auch das ist in der Literatur zutreffend angesprochen worden, im Hinblick auf den demokratischen Neubeginn erhebliche Verhaltensdefizite und ein Mangel an konkreten Kenntnissen, die nicht einfach mit den Erfahrungen früher Selbstständigkeit und teilweise schon bedeutender Eigenverantwortung hätten umstandslos ausgeglichen werden können.

Für mich könnte gelten, dass ich mich zwar recht schnell, jedenfalls im Vergleich mit parallelen Biografien, vom Nationalsozialismus habe trennen können, aber noch viel Zeit und neue Erfahrungen brauchte, bis ich wusste, was ich persönlich und politisch wollte. Es wird auch überwiegend immer nur von *der* Hitler-Jugend und *der* Flakhelfer-Generation gesprochen, aber die gab es im exakten Sinne gar nicht, sondern eine Vielfalt von eigenständigen und damit unterschiedlichen Wegen zum Erwachsensein. Und schon gar nicht waren es männliche Jugendliche allein, die die zweite Sozialisation absolvierten, sondern auch und nicht wenige Mädchen, die einerseits früher und intensiver als weibliche Jugendliche vor ihnen die Möglichkeiten zur Eigenständigkeit erkannten und wahrnahmen, aber gleichzeitig durch die ziemlich rigide Trennung und Unterscheidung nach Geschlechtern (in Lagern, Schulen, Diensten) während der Nazi-Zeit in ihrer Entwicklung zurückgeblieben waren. Eines trifft aber auf beide zu, ob nun Junge oder Mädchen: aus Kindern wurden ziemlich schnell erwachsene Leute, und eine sonnige Jugend gab es wohl für fast keinen.[28]

Mai 1946 bis Januar 1948

Auf der Vorstudienanstalt der Berliner Universität

Am 20. Mai 1946 begann auf der Vorstudienanstalt, aus der später die Arbeiter- und Bauern-Fakultät der Humboldt-Universität zu Berlin werden sollte, der Unterricht. 342 Hörer (etliche auch aus den Westsektoren der Stadt) versammelten sich in der Universitätsstraße 3b (ab Anfang 1947 in der Friedrich-Engels-Kaserne in der Geschwister-Scholl-Straße); sie waren im Alter von 18 bis 30 Jahren, wobei diese Grenzen geringfügig unter- und überschritten wurden. Ich war ja erst 16 Jahre und drei Monate alt, ein Mitschüler bereits 34 Jahre. Die Kriterien für die Aufnahme lauteten: „Die Bewerber müssen aus politischen, rassischen oder sozialen Gründen unter dem faschistischen Regime verhindert worden sein, eine zum Hochschulstudium befähigende Vorbildung zu erwerben." Die Bewerber müssen befähigt sein, „der schnellen und konzentrierten Vorstudienausbildung zu folgen", das Studium erfolgreich durchzuführen, im späteren Beruf „in fachlicher Hinsicht Wertvolles zu leisten und im Bewusstsein seiner sozialen Verantwortung dem Fortschritt und dem Frieden zu dienen". „Die Bewerber müssen eine eindeutig demokratische, antifaschistische Haltung aufweisen."

Warum ich von der Prüfungskommission, der auch die spätere DDR-Justizministerin Hilde Benjamin angehörte (woran ich mich nicht mehr ganz präzise erinnern kann), als in dieses Muster passend betrachtet wurde, weiß ich nicht; es lässt sich auch nicht mehr feststellen, da keine Akten mehr auffindbar sind.[29] Nehmen wir also an, dass die sozialen Gründe ausschlaggebend gewesen sind, also die Arbeiterklassen-Herkunft, verbunden mit guten Noten; diese Herkunft betrug 1947 auf der Vorstudienanstalt 59,7 Prozent, was wohl bedeutete, das man aus dem sozialen Segment ‚Arbeiterklasse' gar nicht so viele Bewerbungen wie erhofft oder erwartet bekommen hatte.

Die Teilnehmer wurden in zwei Großgruppen eingeteilt: die M-Klassen brachten bereits die Mittlere Reife mit, und ihre Angehörigen sollten nach einem Jahr die Reifeprüfung ablegen; die V-Klassen hatten nur einen Volksschulabschluss; für sie war ein Zeitraum von ander-

halb Jahren bis zur Prüfung vorgesehen. Innerhalb der beiden Großgruppen gab es zwei parallele Lehrgänge: einen technisch-naturwis-
senschaftlichen und einen geisteswissenschaftlichen, in die man nach
den im Voraus gewählten Studienfächern eingeteilt wurde. Pro Woche
waren 34 Schulstunden vorgesehen, also täglich (den Samstag einge-
schlossen) fünf bis sechs Stunden, zuzüglich ca. vier Stunden Haus-
aufgaben. Der „Ausschuss zur Förderung des Studiums der Arbeiter
und Bauern Berlin-Brandenburg" (Sitz Wilhelmstraße 68) vergab
Stipendien zwischen 50 und 150 RM; man erhielt die Lebensmittel-
karte für Arbeiter und monatlich ein „Fresspaket", wie es für die „Intelligenz" allgemein vorgesehen war und das vor allem Fleisch und Fett
enthielt. Ich erhielt ein Stipendium in Höhe von 150 RM monatlich
und ab 1. Juni 1947 als Halbwaise eine Unfall-Hinterbliebenen-Rente
von der Versicherungsanstalt Berlin in Höhe von 40 RM. Mit diesem
Geld konnte ich nicht nur mich ernähren, sondern auch meine Mutter.
Sie war erwerbslos geworden, da Ransmayer & Rodrian nach der Aus-
bombung in der Köpenicker Straße einen neuen Standort im amerikanischen Sektor Berlins gefunden hatte und keine Arbeitskräfte aus der

Vorstudienanstalt der Universität Berlin: Elly Mohrmann (1. Reihe 4. v.r.), Wilhelm
Puhlmann (1. Reihe 3. v.r.), Helga Grebing (1. Reihe 2. v.r.)

SBZ einstellen durfte. Mutter fand nur saisonal Arbeit in der Landwirtschaft. Zu unserem Einkommen hinzuzählen muss man jedoch die Ernte, die der Garten brachte, und allerlei kleine Tauschgeschäfte. Unsere Lehrer in der Vorstudienanstalt waren fachlich gut ausgesucht und gehörten überwiegend der SED an, aber eben nicht alle. Der erste Direktor, Rudolf Brock, war ursprünglich Theologe gewesen und nun schneidiges SED-Mitglied; dies war auch die Geschichtslehrerin Elly Mohrmann; über sie erfuhr ich erst viele Jahre später, dass sie als noch unverheiratete Elly Müller zur SAP-Ortsgruppe Berlin-Schöneberg-Friedenau gehört hatte und nach 1933 verfolgt worden war.[30] Unser Deutschlehrer Dr. Wilhelm Puhlmann, der zugleich unser Klassenlehrer war, wohnte in Westberlin und gehörte der SPD an. Der Mathematiklehrer Peckel war als Kommunist ins schwedische Exil gegangen. Der Lateinlehrer Dr. Rödiger war Pfarrer in Berlin-Weißensee und wurde noch zu meiner Zeit ausgetauscht.

Für mich, die ich in den ersten Nachkriegsjahren mehr oder weniger mit meinen Gedanken allein gelebt hatte, bedeutete die Vorstudienanstalt eine bedeutende Umstellung, da ich jetzt täglich mit denselben Menschen – fast alle älter als ich – zusammen war; das musste geübt werden. Einige hatten bereits viel Leben hinter sich als Soldaten, Kriegsgefangene, Verwundete, als Verfolgte des Nationalsozialismus; sie lebten in festen Bindungen, verlobt oder gar schon verheiratet, einige hatten bereits Kinder. Nach zwei Tagen Unterricht lautete mein Kommentar: „und es ist nicht immer leicht, in den freien Diskussionen mit 20–25-Jährigen mitzuhalten – aber sonst die richtige Atmosphäre." Uns allen machte der brutale Winter 1946/47 schwer zu schaffen. Wir hatten zwar einigermaßen ausreichend zu essen, aber es war kalt, bitter kalt, die Unterrichtsräume konnten nicht geheizt werden, die Fenster waren nur mit Pappe vernagelt, wir saßen stundenlang in unseren Mänteln auf langen Bänken ohne Rückenlehne, wie man sie heute noch in Biergärten findet, und manchem von uns (auch mir) sank mehr als einmal in der letzten Unterrichtsstunde der Kopf auf den Tisch – vor Müdigkeit, vor Kraftlosigkeit.

Dennoch nahm uns nicht nur das Lernen in Anspruch – zum Beispiel kamen wir in den anderthalb Jahren auf der Vorstudienanstalt in Latein von Null auf Julius Cäsar, in Mathematik vom Bruchrechnen zur Analytischen Geometrie –, auch die Politik zog uns in ihren

Bann. So vermerkte ich am 31. Mai 1946, dass Russland Deutschland als Pufferstaat gegen den Westen benutzen wollte. Deshalb müssten ‚wir' versuchen, schloss ich, die USA in Europa zu halten, aber Deutschland müsse die Chance haben, sich aus sich selbst heraus zu entwickeln. Hier wird ein Muster sichtbar, das mich noch eine ganze Weile beschäftigte: Einerseits wollte ich mich als weltoffen gerieren, andererseits ging es mir um Deutschland in beinahe nationalistischen Tönen, wenn auch in der Absicht, Verantwortung für das zwischen 1933 und 1945 Geschehene zu tragen. Dazu bedurfte es auch der Wahrnehmung des unmittelbaren Zeitgeschehens. So behauptete ich am 23. Juni 1946: „Mein Wissen auf dem Gebiet der Politik und Philosophie nimmt zu." Ein vier Jahre älterer Mitschüler, mit dem ich den Weg von Pankow in die Friedrichstraße teilte, „unterrichtete" mich. So stellte ich dann bald fast triumphierend fest: „Ich nenne mich Theist, Idealist, Anhänger des sozialistischen Christentums und sympathisiere mit der CDU – endlich ein realer Boden gefunden."[31] Diese Aussage gleicht einer Zwischenbilanz. Denn etwas anderes hatte erst einmal Vorrang. Nach zwei Wochen Arbeitsurlaub folgten Anfang September 1946 die Semester-Abschluss-Prüfungen, die darüber entschieden, wer weitermachen konnte. Ich bestand die Prüfung mit folgenden Noten: Geschichte 2, Latein 3 und 1, Mathematik 2, Chemie 4. Einige, die bereits die Mittlere Reife mitgebracht hatten, wurden bei entsprechenden Leistungen höher gestuft, kamen in eine M-Klasse und sollten bereits im folgenden Semester die Reifeprüfung ablegen. In meiner V-Klasse hatten wir mit 34 Schülern begonnen, 17 legten dann im September 1947 die Reifeprüfung ab; die anderen hatten die Vorstudienanstalt bereits verlassen oder fielen bei der Reifeprüfung durch. Aber nicht nur Leistungen entschieden, sondern auch die Reaktion auf den nunmehr verschärften SED-Kurs. Es begann symbolhaft mit einem Besuch des Chefs der Informationsabteilung der Sowjetischen Militäradministration (SMAD) in der SBZ, Oberst Sergej Tulpanow, der in der Vorstudienanstalt in deutscher Sprache eine Rede hielt, die uns ideologisch ausrichten sollte. Bald gab es auch bedeutungsschwere konkrete Anlässe, über die ich am 27. September 1946 notierte: „Der SED-Kurs an unserer Anstalt besteht weiterhin und sogar verschärft, so daß Schüler, die parteilos und gegen die SED sind sowie solche, die Angehörige einer anderen Partei sind, schlechtere Zeugnisse erhalten als Angehörige der SED, die im Wissen ihnen unterlegen sind."

Ein kriegsbeschädigter ehemaliger Panzer-Feldwebel (er trug noch immer die schwarze Uniform, natürlich ohne Dekoration) wurde wegen politischer Aufsässigkeit schließlich relegiert; ein höchstens ein, zwei Jahre älterer Mitschüler, der links von mir saß, nahm sich mit seiner Freundin das Leben, aber das hatte wohl persönliche Gründe; einer, der mir schräg gegenüber seinen Platz hatte, arbeitete für das Ostbüro der SPD, was ich allerdings erst viel, viel später erfuhr. Mit Inge Wölk (später Rudolph), die gerade einmal zehn Monate älter ist als ich, sie saß rechts neben mir auf der Bank, entstand eine solide Freundschaft, die noch immer hält, was sie einst versprochen hat. Eine Mitschülerin, bereits über 30 Jahre alt, die als Kurier für eine KPD-Widerstandsgruppe gearbeitet hatte und zu vier Jahren Zuchthaus verurteilt worden war, nahm sich meiner als politische Betreuerin an; sie erklärte mir unentwegt, dass ich in die SED eintreten solle, wo ich doch mit meinen Überzeugungen hingehörte.

Ich hielt stand; aber auch meine Begeisterung für Jakob Kaiser, den Vorsitzenden der CDU in der SBZ, hatte sich zum Jahreswechsel 1946/47 stark abgekühlt, vor allem nachdem ich im Januar 1947 in der „Neuen Welt" in Berlin-Neukölln, einem traditionellen Kundgebungsort der sozialdemokratischen Arbeiterbewegung, eine Veranstaltung mit Kurt Schumacher besucht hatte, an der auch der noch ganz unbekannte Willy Brandt teilnahm – es war wohl einer der ersten öffentlichen Auftritte Schumachers im Nachkriegs-Berlin. Seine Art zu reden, das unrhythmische Schreien, gefiel mir zwar nicht, aber der ganze Mensch in seiner körperlichen Hinfälligkeit und zugleich ungeheuren Willenskraft beeindruckte mich sehr. Schumacher fand, wenn nicht den richtigen Ton, so doch die richtige Einstellung zwischen dem selbstbewussten Auftreten eines besiegten Deutschen und den internationalen Aufgaben auch der deutschen demokratischen Arbeiterbewegung in Europa. Man merkt: Ich war auf dem Weg zur SPD. Ich hörte zudem RIAS – Höhepunkt war an jedem Sonntagmittag um 12.00 Uhr der Kommentar von Friedrich Luft; ich las alsbald nur noch Westberliner Zeitungen wie den *Tagesspiegel* und die in den westlichen Sektoren verbreitete Jugendzeitschrift *Horizont*.

Trotz enormer Inanspruchnahme durch die Vorstudienanstalt – die noch vorhandenen Schulhefte beweisen es – fand ich noch Platz im Kopf, meine philosophische Position zu befestigen. Ich fragte wieder:

Gibt es einen Gott? Was ist der Mensch? Sind die Naturgesetze durch Zufall entstanden? Ist die Wahrnehmung dieser Gesetze nur eine Konstruktion des menschlichen Gehirns? Erkenntnistheoretische Fragen rückten in den Vordergrund in Anschluss an Marx' Diktum „Es ist nicht das Bewusstsein der Menschen, das ihr Sein, sondern umgekehrt, ihr gesellschaftliches Sein, das ihr Bewusstsein bestimmt." Ich setzte dem am 20. Dezember 1947 entgegen:

Der Mensch – nicht allein beeinflusst von den wirtschaftlichen Umständen, sondern auch von religiösen, kulturellen, wissenschaftlichen Momenten – gestaltet die Geschichte. Daraus folgt für die Gegenwart, daß sowohl der Mensch erzogen werden muß, als auch ihm eine Umwelt geschaffen werden muß, in der er als Mensch zu leben vermag. Wie aber lässt sich diese Lebensform schaffen? Die Geschichte lehrt, daß in allen Epochen die Menschen um Freiheit kämpften – sei es um geistige oder materielle, daß „Unterdrückte gegen Unterdrücker", gute Menschen gegen schlechte kämpften – und nicht „ein Wille zur Macht" die Menschheit vorwärts trieb.

Aber auch der § 218 des Strafgesetzbuchs beschäftigte mich, wohl vorgegeben durch Diskussionen in der Vorstudienanstalt. In einem zehnseitigen handschriftlichen Aufsatz, der seinen Ausgang von der Kernfrage nahm „Ist die Abtötung des Embryos eine Tötung des Lebens?" gelangte ich zu dem Schluss:

Ich bin für die Abschaffung des Paragraphen, halte aber den Zeitpunkt dafür, nämlich den Augenblick für verfrüht in Anbetracht der Realität. Deshalb trete ich für den Augenblick für eine soziale Indikation sowie für Antikonzeptionsmittel ein, auch für Aufklärungsarbeit in den Schulen und die strafrechtliche Verfolgung von Laien, die Abtreibungen vornehmen.

Es kündigte sich, wenn auch noch ungenau, an, was die Folgezeit bestimmte, etwas, was ich die zweite Gegen-Sozialisationsphase nennen möchte: die Erkenntnis, dass das ursprünglich aus humanistisch-aufklärerischen Grundlagen heraus entstandene Befreiungs-Konzept des Sozialismus deformiert worden war zu einer menschenverachtenden terroristisch-bürokratischen Diktatur. Aber das ist antizipatorische Deutung. Wesentlich war zunächst etwas anderes. Am 9. Oktober 1947 notierte ich:

Heute, am 9. Okt., wurde mir vom Leiter der Vorstudienanstalt das Zeugnis der Hochschulreife überreicht, das das Prädikat „mit gut bestanden" trägt. Damit ist mir die Erlaubnis gegeben, an der Philosophischen Fakultät zu studieren. Hurra, hurra und nochmals hurra: es ist geschafft! Der Traum meiner Kindheit, der in den Jahren des Werdens zum Wollen gewordene Traum ist nun ein Stück Wirklichkeit, ein Stück meines Lebens! Vergessen sind alle in Resignation, daß mir nie das mir als das Herrlichste Erscheinende vergönnt sein sollte, verbrachten Stunden, vergessen die bitter salzigen Tränen, vergessen die Kämpfe mit den Menschen, die mir das in meinen Verhältnissen unmöglich Erscheinende auszureden trachteten, vergessen sind auch die Stunden harter Arbeit, die sich manchmal bis zur Verzweiflung steigerten, vergessen die schweren Wochen der Prüfung, nur ein Gefühl herrscht in meinem Innern, das mächtig genug ist, alle anderen bisher

Reifezeugnis der Vorstudienanstalt, September 1947

113

kräftigen Eindrücke zu verwischen, ja, auszulöschen: das Gefühl einer
Freude, die so stark ist, die Zukunft mir in einem klaren, hellen Licht
erscheinen zu lassen.

Noch einmal stellt sich die Frage nach der Einordnung meiner
Nach-1945er-Sozialisation: Ich lebte und lernte im Osten Deutschlands, aber ich ließ mich nicht positiv beeindrucken von dem, was
dort von Bildungsaufsteigern erwartet und verlangt wurde, auch
nicht davon, was ihnen angeboten wurde, nämlich die Akzeptanz
der Muster vom Aufbau einer neuen antifaschistischen und anti-
kapitalistischen sozialistischen Gesellschaft. Wie hatte doch Stalin
nach dem Einmarsch der Roten Armee auf Plakaten verkünden lassen: „Die Hitlers kommen und gehen, aber das deutsche Volk bleibt
bestehen." Ich wurde also im Osten nur scheinbar paradoxerweise
westlich sozialisiert, jedoch ohne die sich im Westen etablierenden
Vorstellungen von der Integration in die noch zu schaffende Demokratie kritiklos zu akzeptieren. So etwas ging damals wohl nur in
und um Berlin. Man kann alles auch anders lesen: Mit der Absol-
vierung der Vorstudienanstalt stand ich bereits, ob ich es nun wollte
oder nicht, auf der untersten Stufe der Karriereleiter der Nomen-
klatura, war ich doch inzwischen Stipendiatin des Verlages Volk
und Wissen, des Schulbuch-Verlages in der SBZ beziehungsweise der
späteren DDR, geworden, womit auch schon eine gewisse berufliche
Vorentscheidung gefallen war. Noch etwas trat hinzu, was mir für die
Zukunft starken Halt zu geben versprach. In einem Aufsatz im Fach
Deutsch mit der vorgegebenen Überschrift „Warum liebe ich meine
Heimat?" erklärte ich nicht meinen Geburtsort Berlin zu meiner Heimat, sondern „das kleine Dörfchen" Miersdorf zum „Quell, aus dem
ich Kraft zum Leben schöpfe". Ich war angekommen – so schien es
jedenfalls. In den weiteren Lebensjahren mit den vielen Orts- und
Wohnungswechseln, erst in Berlin, dann in München, Wiesbaden,
Frankfurt am Main, Göttingen, Bochum, nochmals Göttingen, wieder München, wieder Göttingen und endlich wieder Berlin, verlor
ich den Sinn und das Gefühl für Heimat überhaupt. Indessen zu-
gegeben: Wenn ich heute hin und wieder nach Miersdorf fahre – von
meiner Berliner Wohnung beträgt die Fahrzeit nach Zeuthen, der
Bahnstation, mit einmaligem Umsteigen 55 Minuten – und wenn ich

dann dort herumgehe, fallen mir nicht nur Namen, Standorte und Begebenheiten wieder ein, sondern: Es riecht auch zunehmend nach „Heimat".

Stud. phil. an der Berliner Universität

Den Antrag auf Zulassung zum Studium der Fächer Geschichte, Germanistik und Philosophie an der Philosophischen Fakultät der Berliner Universität (seit 1949 Humboldt-Universität) stellte ich am 28. September 1947, den Zulassungsbescheid erhielt ich am 10. November, und am 17. November wurde ich unter dem Rektorat von Johannes Stroux, Ordentlicher Professor für Klassische Philologie, in die Philosophische Fakultät als Studentin aufgenommen und „durch Handschlag feierlich auf ihre Ordnung verpflichtet". Meine Matrikel-Nummer lautete 6.500/47. Ein sogenanntes Aufbausemester zum Trümmerräumen war für die Absolventen der Vorstudienanstalt nicht vorgesehen, und so begann ich mein Studium mit 17 Jahren und fast neun Monaten, also früher als Jahrgangsgleiche. Welch ein Triumph! So dachte ich damals und so denke ich heute noch.

Portal der Berliner Universität, September 1946, Landesarchiv Berlin

Auch sonst war alles wohl geordnet: Ich wohnte in Berlin-Pankow, Mühlenstraße 76, Gartenhaus, I. Stock und zahlte für mein möbliertes Zimmer monatlich 30 RM; ich bekam weiter ein Stipendium in Höhe von 150 RM, dazu die Waisenrente von 40 RM. Da uns die Gebühren für das Studium erlassen wurden, hatte ich also für die damalige Zeit ein ‚hübsches' Einkommen, von dem ich meiner Mutter leicht noch etwas abgeben konnte.

Wie zu erwarten, stürzte ich mich in das Studium meines Hauptfaches Geschichte. Bei Fritz Rörig (1882–1952), dem Hanse-Spezialisten, hörte ich „Allgemeine Geschichte des 12. und 13. Jahrhunderts" und „Von Karl IV. zur Reformation". Rörig begann jede Vorlesung, zumindest die erste eines Semesters, mit einem „Mea-culpa"-Auftritt über die Nazi-Diktatur. Das war eher peinlich. Fritz Hartung (1883– 1967), einer der letzten Historiker der preußisch-deutschen Tradition, lehrte etwas trocken über die „Allgemeine Geschichte von 1559 bis 1660" und über „Aufklärung und Absolutismus". Das alles war Pflicht; spannender und anregender fand ich die Vorlesungen von Alfred Meusel (1896–1960), dem späteren Lehrer vieler DDR-Historiker und Doyen der Geschichtswissenschaft in der DDR, einst Sozialdemokrat, dann Kommunist, jüdischer Herkunft und nach 1933 im englischen Exil. Er las über die „Geschichte der modernen Arbeiterbewegung" und über die „Geschichte der neueren Geschichtsauffassungen". Noch eindrucksvoller waren die Vorlesungen von Ernst Niekisch (1898–1967), der während seiner langjährigen Haftzeit sein Augenlicht verloren hatte, in den Hörsaal geführt werden musste und sich am Pult festhaltend eine Vorlesungsstunde frei und ohne Kunstpausen über „Soziale und politische Probleme der Gegenwart" sprechen konnte.

Nicht direkt zum Studium zu zählen sind die Vorlesungen von Hans Peters (1896–1966) in der Juristischen Fakultät über „Allgemeines Staatsrecht" und „Deutsches Staatsrecht"; dass Peters, der 1949 nach Köln ging, zum Kreisauer Kreis gehört hatte, erfuhr ich erst später. Ich belegte darüber hinaus noch manche Vorlesungen, die nicht direkt zum erwählten Hauptfach gehörten: Geschichte Russlands, Geschichte der Philosophie, Allgemeine Pädagogik, Entwicklungspsychologie. Wenn man will, habe ich für mich ein Fach vorweggenommen, das es erst später geben sollte: Politikwissenschaft.

Mein Nebenfach Germanistik behandelte ich demgegenüber etwas spartanisch; immerhin war es hier Hermann Kunisch (1900–1991), bei dem ich mich über „Shakespeare und den deutschen Geist" und die „Literatur der Gegenwart" kundig machen konnte. Alle Professoren kamen mir wie halbe Götter vor (was sie nicht waren; aber ich möchte ihnen auch nicht unterstellen, dass sie so taten, als wären sie es), denen ich mich zweimal im Semester bei den An- und Abtestaten nähern durfte.

Da ich hier und da von „uns" gesprochen habe, könnte dies den Eindruck vermitteln, als hätte ich mich schon in einer Gruppe von Kommilitonen befunden – das war jedoch nicht der Fall. Von den mir bekannten Absolventen der Vorstudienanstalt studierte keiner meine Fächer, auch die Freundin Inge Wölk nicht, die Volkswirtschaft gewählt hatte. Erst allmählich lernte ich einige Mitstudenten kennen, besonders in den zwei obligatorischen Proseminaren für mittlere und neuere Geschichte und vor allem im zweiten Semester in der Seminar-Übung „Die Stein-Hardenbergschen Reformen"; hier entstand auch mein erstes wissenschaftlich zu nennendes Referat über „Wilhelm von Humboldts Denkschrift über Preußens ständische Verfassung vom Jahre 1819". Leider habe ich den Text nicht mehr; der Seminarleiter hat ihn wohl behalten – das war Ernst Schraepler, auch kein Unbekannter später, der in einer Seminarsitzung einfach ohnmächtig vom Stuhl fiel – vor Durst und Hunger, wie sich herausstellte. Nach dem zweiten Semester gab es eine Zwischenprüfung, die ich bei Rörig mit dem Themenfeld „Interregnum bis Kirchenspaltung" und bei Hartung mit dem Thema „Gegenreformation" bestand.

Bereits am Ende des ersten Semesters bedachte ich – wie meine Aufzeichnungen zeigen – einige Dozenten mit harscher Kritik und versuchte, die methodischen und weltanschaulichen Probleme meines Hauptfachs zu sammeln und zu ordnen. Überhaupt blieb es meine Gewohnheit, mich mit eigenen Themen zu befassen, und zwar schriftlich, so „Über historische Größe", „Was müssen wir heutigen Menschen tun?", „Christentum – heute noch aktuell?" Alles handschriftlich auf Papier, das immer noch knapp war, mit Firmenköpfen von Unternehmen, die es nicht mehr gab; insbesondere Onkel Willi, der mit seiner Familie nach der Verlagerung in den letzten Kriegsmonaten nach Sachsen wieder nach Berlin zurückgekehrt war, sammelte es für mich. Mit der Hand geschrieben wurden auch die Seminararbeiten, durch die sich dann die Dozenten durchkämpfen mussten. Vergleichsweise hatten sie mit mir noch Glück.

Rörig und Hartung waren die Adressaten meiner Kritik:

Was ich bei beiden Vorlesungen vermisse, ist die eingehende Behandlung der geistigen u. gesellschaftl. Grundlagen. Gewiß: das war betont worden, daß es sich vornehmlich um politische Geschichte handeln sollte; aber wie will man eine Epoche verstehen, den in ihr liegenden Wert für die Gesamtentwicklung messen und das Handeln ihrer Menschen begreifen, ohne die weltanschaulichen Faktoren, die hinter den Menschen stehen, zu kennen. Weit entfernt, dem Marxismus der SED das Wort zu reden, muss ich auf das Fehlen des gesellschaftl. Hintergrundes hinweisen, der allerdings im wesentl. Ausfluß des ideologischen Hintergrundes ist, aber dennoch wieder selbst formend wirken kann. [...] Es geht nicht an, das mittelalterl. Kaisertum einseitig in den Vordergrund zu schieben, auch wenn es das „progressive Element" des MA gewesen ist (Engels zitiert v. Prof. Rörig.) Aus diesem Grunde dürfen nicht die Geschichte des Papsttums u. der kathol. Kirche überhaupt lächerlich gemacht werden, denn erst durch die dauernden Wechselwirkungen zwischen Kaiser u. Papsttum resultiert die m.a. Geschichte. Es ist ferner geradezu jeder hist. Wahrheit ins Gesicht schlagend, wenn man Luther als den Totengräber der dtschen Nation hinstellt, nur weil er sich nicht der unterdrückten Klasse der Bauern anschloss. Man verfälscht so die hist. Wahrheit, legt Dinge in eine Epoche hinein, die nie vorhanden waren, maßt sich eine Wertung an, die nicht mehr der Aufgabe d. Historikers entspricht: zu zeigen, was war, wenn man als Rückblickender die Weltanschauung, die einen gegenwärtig beherrscht, in die Geschichte hinein trägt und sie mit ihrer Hilfe analysiert. Auf diesem Wege wird man nie zu befriedigen[den] Ergebnissen kommen, und es muss allen Ernstes bezweifelt werden, ob Geschichte unter diesen Bedingungen noch als Wissenschaft gelten darf.

Man muß – losgelöst von allen Anschauungen der Gegenwart – jede Epoche der Geschichte aus ihren eigenen Bedingungen erfassen. Das muß die oberste Forderung sein, der sich ein Historiker zu stellen hat. Man muß sich jeder Wertung, die ja immer nur vom Standpunkt der Gegenwart erfolgen kann, enthalten, denn nochmals: es gilt, die

Bedeutung einer historischen Zeit für den Gesamtablauf der Ge-
schichte aus ihr selbst heraus zu begreifen. [...] Jedenfalls wollte ich
zeigen, wie unsinnig u. f. die Bed. der Geschichte als Wissenschaft
es ist, Menschen des 16. Jhd. Gedanken u. Handlungen des 20. Jhd.
zu unterschieben und von ihnen zu verlangen. Man muss mit allen
Waffen die angreifen, die in die Geschichte Anschauungen hinein-
legen, die für sie notwendig sind, um eine Theorie – noch dazu eine
verzerrte (Marx war nicht der, zu dem man ihn stempelt) – die sich
auf die Gegenwart bezieht, zu unterbauen – wie es der Marxismus
kommunistischer Prägung tut. Man degradiert damit die Geschichte
u. ihre einzelnen Epochen zu Marionetten, die man beliebig benutzt
für seinen polit. Kampf. Ich verlange also vom Historiker als Forscher
u. Interpret [...], daß er jede Epoche aus ihr selbst heraus betrachtet
u. seiner Gegenwart darlegt [...] und zeigt, was war, nicht was hätte
werden können, hätte sein sollen od. gewesen sein müßte, um den pol.
Kampf einer Partei zu befestigen.

[Es folgen im Text Ausführungen darüber, dass damit die Aufgaben des Historikers noch nicht erfüllt seien, dass er durchaus
politische, ja sogar philosophische Aufgaben zu erfüllen habe, aber
eben immer auf der Grundlage des Verständnisses der betreffenden
Zeit durch sie selbst und nicht von vorn herein mit den Maßstäben
der eigenen Zeit.] *Diese Behauptung fußt auf der Erkenntnis, daß es*
der Mensch ist, nicht nur beeinflußt vom wirtschaftlichen Sein, son-
dern auch von geistigen u. religiösen Momenten, der die Geschichte
gestaltet und daß sich aus dem Handeln und Denken des einzelnen
das Geschehen in Geschichte und Gegenwart zus. setzen muß. [...]
Diese Anschauung muß das Verhältnis v. Geschichte u. Gegenwart
bestimmen. Die Gegenwart hat die Geschichte als etwas Gewordenes,
Unantastbares zu achten, aber sie soll gerade aus ihr ihren Weg, der
eben den historischen Notwendigkeiten entsprechen soll, erkennen.
So wird klar, daß dem Historiker, dessen politische Anschauung an
sich überhaupt nichts in der Geschichte zu suchen hat, als politischer
Mensch eine große Aufgabe zufällt, der er sich aber gar nicht bewußt
zu sein scheint.

Diese Behauptung spreche ich aus angesichts meiner jüngsten Er-
fahrungen auf der Universität – weiß der Himmel, ich empfinde Prof.
Meusel gegenüber, der dem Marxismus das Wort redet, mehr Achtung

als all den anderen Professoren gegenüber, die jede gefährliche Klippe
mit großer Geschicklichkeit umschiffen und sich sogar nachträglich
entschuldigen, wenn sie einmal etwas aussprachen, was gegen die
geistige Konzeption ihres Brotgebers ist oder sich derart in ihre Wis-
senschaft vergraben, daß sie jedes Maß u. jeden Sinn f. d. Forderungen
der Wirklichkeit verlieren.

    Wofür sollte denn ein Wissenschaftler arbeiten? Nur um persönlich
zu Erfolg zu kommen, nur um seinen Ehrgeiz zu befriedigen, um wie
der Dichter in einem Elfenbeinturm zu leben und die Welt Welt sein
zu lassen, um ängstlich bemüht zu sein, die Lorbeeren zu behüten, sei
es unter Aufgabe aller Würde und feige sich nach dem Brotkorb zu
strecken, um allein seinen Wissenschaftsdrang zu befriedigen, um die
Augen vor der Wirklichkeit verschließen u. sich treiben lassen von den
Geschehnissen, vielleicht auch von Wahnsinnigen! An den Quellen des
Wissens forschen zu können, muss jedem [sic!], der Mensch ist, ver-
pflichten zum Wirken am Wohl der Gesellschaft. [...] Alles mensch-
liche Wirken, vom Hammerschlag des Schmiedes bis zur Abhandlung
des Gelehrten über das Julianische Recht oder über die Frage der frz.
Revolution muß der Gegenwart neue Impulse zu neuen Leistungen
geben können. [...]

    Was aber geschehen kann u. immer geschehen wird, wenn man all
das Geforderte achtlos beiseite schiebt, das zeigt das heutige Dtschld,
denn niemand anders als die Intelligenz ist verantwortl. f. das Auf-
kommen u. die Machtentfaltung des Nazismus in Dtschld. u. damit
zuletzt f. all die Not u. den Tod, die von ihm über die Welt gebracht
wurden. Sie u. nicht der Arbeiter auf der Straße, der, weil er seine pri-
mitivsten Existenzbedürfnisse nicht befriedigt fand, dem Nat.soz in
die Arme lief, der ihm Arbeit u. Brot gab, sie, die Intelligenz u. nicht
der Arbeiter müßte das wahre Gesicht des Nazismus erkannt haben,
denn 1919 gründete Hitler seine Partei, 1933 kam er an die Macht.
Aber sie war zu feige, das Letzte, das Leben zu wagen, schwieg und
vergrub sich in die Probleme d. Wissenschaft, heulte mit den Wölfen
od. tat mit aus Macht- und Ehrgeizgelüsten.

    Und heute? Heute stehen noch viele von ihnen auf dem gleichen
Platz wie vor 10 Jahren – Dtschld, was wird aus Dir werden? Aber ich
glaube, es wächst eine neue Generation heran, eine, die das Grauen
des Krieges noch in ganz jungen Jahren durchlebte, die sich und um

sich eine Welt v. Idealen zus.brechen sah u. die – sie sei weltanschau-
lich noch so zerrissen, das eine gemeinsam hat: sie weiß das Leben u.
die Freiheit zu achten u. zu schätzen. Dieses Gemeinsame möge sie fest
zus.schließen gegen alles, was wider das „droit de l'homme" ist.

Die gekürzt wiedergegebene Niederschrift trägt das Datum März/
April 1948. Eindeutig ist die Kritik an einigen opportunistischen Professoren, die sich beschleunigt auf die „neue Zeit" eingestellt hatten;
deutlich ist auch, dass ich die „neue Geschichte" dieser neuen Zeit
ablehnte. Unklar bleibt indessen, was ich dem alles entgegensetzen
wollte, wo ich doch selbst einerseits eine „reine" Wissenschaft forderte,
aber andererseits den Impetus, der Gesellschaft zu nutzen, erwartete.
Mit diesem Problem setzte ich mich immer wieder über die Jahrzehnte
hinweg auseinander; eine ,saubere Lösung' habe ich nie gefunden.

Der Text aus dem ersten Viertel des Jahres 1948 zeigt aber auch, dass
ich inzwischen völlig ,fertig' war mit der SED und deren Vorstellungen von einem neuen Deutschland. Diese Feststellung motiviert mich,
an meine Auseinandersetzung mit der Biografie von Christa Wolf im
Jahre 1994 zu erinnern.[32] Ausgangspunkt dafür war Wolfs Gedanken-
austausch mit Jürgen Habermas über die unterschiedlichen Orientie-
rungen der linken Intellektuellen diesseits und jenseits der einstigen
Grenze nach 1945. Habermas hatte nicht ausgeschlossen, dass er, wenn
er nicht zufällig im Rheinland aufgewachsen wäre, sondern jenseits
der Elbe, sich womöglich auch „mit dem Antifaschismus der zurück-
gekehrten Kommunisten sogar identifiziert" hätte. Dies war ja der
Weg, den Christa Wolf gefunden hatte: Aufgewachsen in der ostdeutschen Provinzstadt Landsberg an der Warthe, der Vater Kaufmann mit
eigenem Lebensmittelgeschäft, die Familie evangelisch, der Vater nach
1933, wenn auch ohne Begeisterung, NSDAP-Mitglied, sie seit 1939 im
BDM, allerdings ohne Ambitionen, immerhin Besuch der Oberschule.
Nach dem Ende der nationalsozialistischen Diktatur und dem Ende
des Zweiten Weltkrieges ist sie ohne Identifikationsmöglichkeiten,
aber immer schon mit einem ausgeprägten Bedürfnis nach „Über-
einstimmung mit einer großen Gruppe von Menschen", die Familie
flüchtet nach Thüringen, es folgt eine kurze heftige Hinwendung zum
Christentum. Die Suchphase endet 1949 mit dem Beginn des Studiums
der Germanistik (gemeinsam mit dem Lebenspartner Gerhard Wolf)

erst in Jena, dann in Leipzig; seit 1948 ist sie Mitglied der FDJ, ein Jahr später der SED (der der Vater bereits seit 1947 angehörte).

Was war geschehen? Hier die Antwort von Christa Wolf: „Uns wurde dann ein verlockendes Angebot gemacht: Ihr könnt, hieß es, Eure mögliche, noch nicht verwirklichte Teilhabe an dieser nationalen Schuld loswerden oder abtragen, indem ihr aktiv am Aufbau der neuen Gesellschaft teilnehmt, die das genaue Gegenteil, die einzig radikale Alternative zum verbrecherischen System des Nationalsozialismus darstellt, und an die Stelle des monströsen Wahnsystems, mit dem man unser Denken vergiftet hatte, trat ein Denkmodell mit dem Anspruch, die Widersprüche der Realität nicht zu verleugnen und zu verzerren, sondern adäquat widerzuspiegeln."[33] Dieser ostdeutschen Version des Entwicklungsprozesses derer vom Jahrgang 1929/30 habe ich 1994 widersprochen – mit meinem Weg weit weg von der „Jugend, die abseits steht". Aber welches ist die Sozialmoral aus beiden lebensgeschichtlichen Anfängen? Ich zitiere aus meinem 1994er-Text:

Offenbar führte bei C.W. eine kleinbürgerlich-protestantisch-provinzielle, mit der NS-Ideologie untermischte und insofern gespaltene Sozialisation in der Erkenntnis, daß die spätere Geburt keine Gnade, sondern eine stellvertretend zu tilgende Schuld war, aus der alten Gläubigkeit zunächst erst einmal in eine neue „Autoritätshörigkeit". Die proletarisch-großstädtische, vom Nationalsozialismus zeitspezifisch massiv tangierte Sozialisation immunisierte im Falle von H.G. schließlich bei gleicher Motivstruktur gegen beides: gegen den Nationalsozialismus und gegen den stalinistischen Kommunismus. [...] Christa Wolfs Weg aus dem Kommunismus [...] ist bekannt und [...] nachvollziehbar nach dem nun einmal 1949 gesetzten Anfang. Der aber war nicht zwangsläufig, unausweichlich, und die Unterscheidung von westdeutschen Intellektuellen [...] und ostdeutschen Intellektuellen [...] ist nicht nur zu einfach, sie ist einfach falsch.[34]

Februar 1948 bis Mai 1949

Entscheidung für die SPD

Das Jahr 1948 war gleich dem 1945 ein schicksalsträchtiges, auch wiederum für mich persönlich: Ende Februar übernahmen die Kommunisten in der Tschechoslowakei endgültig die politische Macht und zerstörten die letzte demokratische Bastion westeuropäischer Prägung; alle Hoffnungen auf einen „dritten Weg" waren vergeblich gewesen. Am 20. Juni wurde in den drei westlichen Besatzungszonen und in den Westsektoren Berlins die Währungsreform durchgeführt; vier Tage danach begann die Blockade Berlins durch die sowjetische Besatzungsmacht; ab 26. Juni antworteten die westlichen Alliierten mit der Luftbrücke; beendet wurde die Blockade erst am 12. Mai 1949.

Am 22. Januar war ich in die SPD eingetreten, und zwar in Berlin-Pankow; meine Mitgliedskarte trug die Nummer 19/2794/48. Der Viermächtestatus von Berlin hatte zur Folge, dass nach der Zwangsvereinigung von SPD und KPD zur SED in der SBZ die SPD im Ostsektor Berlins bis zum Mauerbau 1961 nicht verboten werden konnte; entsprechend bestand in den Westsektoren wiederum die SEW (Sozialistische Einheitspartei Westberlins). Bereits Weihnachten 1947 stellte sich mir die entscheidende Frage drängender als je zuvor: „Eine öffentliche Stellungnahme, d. h. ein Bekenntnis zu einer Partei hieße nichts anderes, als gegen die Politik der Sowjetunion sich wenden." Das aber hätte bedeutet, dass ich mein Studium gefährden würde. Aber:

Es ist überhaupt – das will ich heute einmal klar und deutlich ausspre-
chen – ein Greuel, in der sowjetischen Besatzungszone leben zu müs-
sen, in einer Welt, in der man in jedem Augenblick auf irgendeinen
Verdacht hin verschwinden kann, ohne eine Spur zu hinterlassen, wo
es kaum kartenmäßig so viel gibt, daß man sich „über Wasser halten"
kann, wo infolgedessen der Schwarze Markt blüht, wo jede (kleine)
Fabrik demontiert oder zerstört oder in eine sowj. AG umgewandelt
wird, wo die Justiz nicht mehr nach den Gesetzen urteilen kann,
sondern nach Befehlen der SMA, wo es vollkommen sinnlos ist, von
Demokratie zu sprechen, denn die SED, begünstigt von der SMA, reißt

alle öffentlichen Stellen an sich, verdummt das Volk mit Hintertrep-
penpropaganda, und jeder Versuch einer Opposition endet bestimmt
mit ihrer gewaltsamen Vernichtung – wie es jetzt mit den Vorsitzenden
der Ostzonen-CDU Kaiser und Lemmer geschah und schließlich: wo
die Wissenschaft schon dazu degradiert ist, dem sowjetischem Staats-
system und einer deutschen „Volksrepublik" (sprich dem Kommunis-
mus in Deutschland) das Loblied zu singen. Man möchte manchmal
vor den feigen, ängstlichen Professoren weglaufen, die entweder das
Loblied singen oder sich in ihre Wissenschaft verkrauchen. In einer
solchen Atmosphäre zu leben, macht einen freiheitlich gesinnten auf-
rechten Menschen kochen!

Am 1. Januar 1948 bestätigte ich mich: „Ich denke nur immer daran,
aus der Ostzone herauszukommen, ohne mein Studium aufgeben zu
müssen." Selbst wenn ich es bis zum Ende des Studiums durchhalten
würde, hätte ich keine Zukunft in Ostdeutschland. So fand ich, dass
ich handeln müsse, und dann kam es:

Ich werde mich der Partei anschließen, die die Gegnerschaft zum
Kommunismus auf ihre Fahnen geschrieben hat: der SPD. Ich kann
mir damit endlich die Gewissheit erringen, in der Gegenwart zu ste-
hen und ihr tätig begegnen zu können. Und – ich will es offen zugeben
[...] ich habe das Gefühl einer Sicherheit, das Gefühl, nicht schutzlos
gegenüber evt. russischen Forderungen zu sein.

Am 1. Februar schrieb ich dann eine umfassende Begründung meiner
Entscheidung:

Beinahe hätte ich etwas sehr wichtiges unterschlagen, nämlich, daß
ich am 22.1. meinen Aufnahmeantrag für die SPD ausgefüllt habe.
Ich möchte aus diesem Anlaß meine Stellung zu der Partei, der ich in
Kürze angehören werde, hier niederlegen.

1. Allem voraus möchte ich schicken, daß ich nicht in allen Punkten
mit der Politik der SPD übereinstimme; aber – und das erscheint mir
am Wichtigsten – ich glaube in dieser Partei am ehesten die Möglich-
keit zu haben, in Freiheit meine Gedanken zu vertreten. Es wird hier

nicht vor mir als unüberwindliche Schranke die Parteidisziplin stehen – wie in der SED, der man sich unterwerfen muß, ob man sich dabei nun untreu wird oder nicht, ist vollkommen gleichgültig. Dort in der SED ist keine Möglichkeit, seine persönlichen Ansichten zu vertreten und ihnen – soweit sie die Dinge voranzutreiben vermögen – zum Durchbruch zu verhelfen. Ich will auch als Angehöriger einer Partei freier Mensch sein!

2. Die SPD ist die konsequenteste Gegnerin der Kommunismus, der auch mein Gegner ist – diese Tatsache trug viel zu meinem Schritt bei. Ich bin nun fest überzeugt, daß man diesen nun nicht mit Erfolg bekämpfen kann mit der Waffe oder durch Polemik, sondern daß man seine Problematik von der Wissenschaft her erfassen muß. Das, was an ihm wahr ist – die Forderung nach sozialer Gerechtigkeit – muß man von einer Seite erfassen, die der Natur des Menschen eher entspricht. Sonst gilt es, dem Kommunismus seinen Unterbau zu entziehen. Das ist für mich wie für viele andere – Aufgabe der Wissenschaft. Um sie erfüllen zu können, habe ich mich entschlossen, der SPD beizutreten.

3. Die SPD ist eine sozialistische Partei, eine Arbeiterpartei, eine Partei, die es sich zur Aufgabe gesetzt hat, die menschl. Freiheit mit dem Sozialismus zu verbinden in der Staatsform der Demokratie. Das klingt vielleicht phrasenhaft – das ist es aber keinesfalls – hier schwebt viel von meinen Ideen: Es ist die Aufgabe unseres Jahrhunderts, den Menschen eine Lebensform zu schaffen, die es ihnen ermöglicht, sich willig und nutzvoll – ohne Aufgabe ihrer Freiheit – in die menschliche Gemeinschaft einfügen zu können u. Mensch sein zu können.

4. Ich sagte schon, die SPD ist eine Arbeiterpartei. Ich selbst stamme aus Arbeiterkreisen, und das ist für mich tiefe Verpflichtung: Ich will mithelfen, diesen Kreisen mit allen Mitteln, wenn es sein muß auch mit Gewalt, das Recht auf Leben zu erringen.

5. Die SPD ist auch die Partei, der es zuerst gelungen ist, Verbindung mit den sozialistischen Parteien anderer Länder aufzunehmen. Sie erbrachte damit den Beweis, daß man ihr für den Aufbau und die Gestaltung Deutschlands das meiste Vertrauen schenkt.

6. Eng hiermit hängt zusammen die Stellung zu Amerika. Und hier muß ich etwas Bitteres aussprechen: In diesem Punkte ist mir die Partei zu kompromißbereit mit dem Kapitalismus. Wenn die SPD in Zukunft für Deutschland die Partei sein soll, muß sie Arbeiterpartei bleiben, nur dadurch wird sie Deutschland entscheidend gestalten können.

7. Eine weitere Gefahr ist die Verbürgerlichung der SPD. Es liegen Anzeichen vor, daß das Bürgertum – auch das große – mit der SPD (s. Amerika) liebäugelt. Es liegt mir fern, gegen das Bürgertum zu polemisieren. Soweit dieses bereit ist, den Gedanken des Sozialismus innerlich anzuerkennen, heiße ich es willkommen. Denn das ist natürlich das höchste Ziel, die größte Aufgabe der Partei: Alle Deutschen für den Sozialismus reif zu machen. Aber dabei darf nie vergessen werden, daß das Auge zu allererst auf die bisher gedrückten Schichten zu richten ist, ihr Apostel muß die SPD bleiben.

8. Auch die SPD ist eine Partei, der Korruption und Handeln wider besseres Wissen nicht unbekannt sind. Das sind Eigenschaften, die den Anschein erwecken, daß man Mitglieder aufzunehmen sucht, um mit großen Zahlen aufwarten zu können. Aber: lieber einige tausend Mitglieder weniger, dafür aber anständige und ehrl. Menschen, die der Partei aus Überzeugung beitreten.

15.2.48

9. Ein Wort noch zu dem Marschallplan [sic!], den die SPD befürwortet. Ich bin mir völlig klar darüber, daß dieser Plan von den wenigsten Amerikanern als uneigennützige Hilfe für Europa betrachtet wird; der Haupttrieb ist – das Streben nach Gewinn. Man findet Absatzgebiete, umgeht die kapitalistischen Krisen und erreicht weiter Einfluß in die Wirtschaft anderer Staaten. Aber – und das ist sehr wichtig – man unterstützt den Kampf der einzelnen Staaten gegen den Kommunismus. Für Deutschland liegen die Dinge so, daß es aus eigener Kraft wohl nicht gesunden kann oder dieser Prozeß solange währen würde, bis unser Volk durch tiefes Leid nicht mehr fähig ist, den Gedanken der Demokratie in sich aufrecht zu erhalten – es wäre ein Teil des Kom-

munismus. Von diesen Gesichtspunkten aus den Marschallplan [sic!]
betrachtet, kann nur heißen: das kleinere Übel wählen!
Wenn von der SED geäußert wird, daß die Ostzone der beste Beweis
dafür sei, daß es auch ohne den Marshallplan ginge, ist das eine Lüge.
Tausende von Menschen, die arbeiten wollen, finden keine Beschäfti-
gung, weil alles demontiert ist oder in sowj. AGs verwandelt ist. Und
auch die Bodenreform hat sich als mißglückt erwiesen.

10. u. letztens: Ich habe so alles abgewogen und bin zu der Über-
zeugung gekommen, daß das Positive mehr Kraft in sich trägt als das
Negative, deshalb werde ich der Partei beitreten. Ich habe es aber für
besser gehalten, diesen Entschluß nur zwei Menschen zu sagen! Das
soll nicht heißen, daß ich feige bin und die Konsequenzen meines
Schrittes fürchte, aber solange Mutti in der Ostzone wohnt, schweige
ich, zumal auch ich hier in der Zone wohne, ohne angemeldet zu sein.
Wie ich mich in der Partei selbst verhalte, weiß ich noch nicht, weil ich
sehr viel mit dem Studium zu tun haben werde und auch weil meine
Anschauungen wissenschaftlich noch nicht genügend fundiert sind.

Anfang April erhielt ich dann die Bestätigung meiner Mitgliedschaft
und war nun eine SPD-Genossin, die sich meistens in der SBZ aufhielt.
Das hätte auch schiefgehen können, aber es wussten nur zwei Personen
in meinem persönlichen Umfeld, darunter meine Mutter, von meiner
Mitgliedschaft in der SPD. Jahre später, ab April 1953 lebte und arbeitete ich in München, sah ich in der SPD nur noch eine Traditionskom-
panie und reagierte tief enttäuscht: Sie war mir nicht antistalinistisch
genug und hielt meines Erachtens weit entfernt von der Realität an der
deutschen Wiedervereinigung fest. Ich gab mein Parteibuch zurück.
Als ich mich im Juni 1955 wieder bei der SPD zurückmeldete, gab mir
der damalige SPD-Unterbezirkssekretär, der Spanienkämpfer Rolf
Reventlow, mit dem mich bald eine gute Freundschaft verband, mit
dem neuen mein altes Parteibuch zurück und erklärte die parteifreie
Zeit für nicht gewesen. Da war ich glücklich, weil ich fortan als meinen
Parteieintrittstermin weiter den Januar 1948 angeben konnte.
   Kurioserweise stritt ich mich 1953 besonders heftig mit dem Stell-
vertretenden SDS-Vorsitzenden in Westberlin, der inzwischen auch in
München gelandet war. Der hieß Lothar Bossle (1929–2000); er ver-

ließ 1959 (nach der Annahme des Godesberger Programms) die SPD in Richtung CDU/CSU und erhielt später als Berater von Helmut Kohl und Hans Filbinger auf Druck von Franz Josef Strauß eine Professur für Soziologie an der Universität Würzburg, wo ihn eigentlich niemand haben wollte. Eine ähnliche Kariere absolvierte ein anderer Münchener Bekannter von mir: Günther Müller (1934–1997). Er war 1955 in die SPD eingetreten und wurde von der bayerischen SPD als eine Art Hoffnungsträger ungewöhnlich gefördert; er war dann von 1963 bis 1967 sogar Bundesvorsitzender der Jusos. 1972 trat er aus der SPD aus und wechselte zur CSU, die er dann viele Jahre im Bundestag und einige Jahre sogar gleichzeitig im Europäischen Parlament vertrat.

Kein einfacher Weg zur FU

Als SPD-Mitglied gehörte ich der SPD-Hochschulgruppe an; in ihr versammelten sich alle an der Universität im wissenschaftlichen Bereich Tätigen vom Studenten bis zum Hochschullehrer. Leiter unserer Gruppe war Otto Stolz, der bald eine entscheidende Rolle bei der Gründung der Freien Universität in Berlin-Dahlem spielen sollte. Ich war nicht begeistert von ihm, weil mir die etwas rabiate Weise seines Agitierens nicht gefiel. So falsch lag ich mit meinem Unbehagen nicht, denn Stolz, Jahrgang 1917 und aus einer Berliner Arbeiterfamilie stammend, brach sein Studium bereits 1949 ab, ging zur *Neuen Zeitung* nach München, 1950 dann zur DGB-Zeitung *Welt der Arbeit* nach Köln. 1959 wurde er aus der SPD ausgeschlossen und wechselte zur CDU – wieder einer der vermeintlichen Hoffnungsträger der sozialdemokratischen Arbeiterbewegung!

Bereits zu Beginn des Sommersemesters 1948 wurde es an der Berliner Universität ungemütlich: Stolz und zwei weitere Studenten wurden relegiert, 2.000 Studenten, darunter auch ich, protestierten gegen die Relegierung und forderten eine Universität in Westberlin. Die Zentralverwaltung für Volksbildung drohte, dass die Demonstranten mit einem ähnlichen Schicksal wie die Relegierten rechnen müssten. Enttäuschend war eigentlich nur, dass die Mehrzahl der Professoren einfach schwieg. Als im September 1948 die Vorbereitungen für die Gründung der Freien Universität begannen, begrüßte ich dies ausdrücklich, glaubte aber, dass ich mich zurückhalten müsste: wegen meines Reifezeugnisses, wegen der Unsicherheit, ob ich in Westberlin ein Stipendium oder alternativ Arbeit bekommen würde und wegen meiner Mutter. Doch wusste ich auch, dass mir der Boden unter den Füßen allmählich zu heiß werden würde, denn meine Gegnerschaft gegen den Kommunismus konnte ich auf die Dauer nicht verbergen. Als ich eines Tages aus dem Landesverband der SPD, damals in der Zietenstraße 18 in Berlin-Schöneberg, kam, begegnete mir eine Frau aus Miersdorf. Wir gingen wie Fremde aneinander vorbei und waren wohl beide erschrocken. Sicherheitshalber entwarf ich damals ein Papier, gedacht zum Schutz meiner Mutter, in dem ich vermerkte, dass sie meine politische Position nicht kennen würde und sie auch keinen Einfluss auf meinen Eintritt in die SPD gehabt hätte. Ich war nun fest entschlossen, die Berliner Universität in Richtung Freie Universität zu verlassen. Da geschah etwas, was den Schritt aufzuschieben zwang: ein schwerer Unfall meiner Mutter.

Sie wurde am 8. November 1948 gegen 15.45 Uhr, ihr Fahrrad auf dem nicht asphaltierten Teil der Chaussee führend, auf der Höhe der Schulzendorfer Straße 12/13 in Miersdorf von einem Lastkraftwagen angefahren und ca. acht bis zehn Meter mitgeschleift. Sie war von Ragow bei Königs Wusterhausen, wo sie auf einem Bauernhof arbeitete, gekommen und hatte ihr Fahrrad geschoben, weil es mit ca. 25 Pfund Weißkohl beladen war. Nach Angaben von Zeugen war der LKW ein russisches Militärfahrzeug, dessen Fahrer Unfallflucht beging. Mit einem gerade vorbeikommenden Pferdefuhrwerk wurde meine bewusstlose Mutter zum Dorfarzt gefahren. Dorthin wurde ich gerufen. Der Arzt sah die Verletzungen des Kopfes als so schwer an, dass ihm ein Überleben fraglich erschien. Meine Mutter wurde in das Kreiskrankenhaus Königs Wusterhausen gebracht. Die Diagnose lautete: Schädelbruch und schwere Gehirnerschütterung. Obwohl einer der Unfallzeugen die Nummer des LKW notiert hatte (8-48-80) und der Unfall dem Polizeirevier IX Wildau gemeldet worden war, wurde keine Strafverfolgung in Gang gesetzt, angeblich wegen der Immunität der russischen Besatzungsmacht.

Erst am 7. Februar 1949, also nach drei Monaten, wurde meine Mutter aus dem Kreiskrankenhaus entlassen. Noch war nicht abzusehen, ob sie wieder ganz gesund und arbeitsfähig werden würde. Vier Wochen später war die Lage offensichtlich klarer, denn ich besorgte mir am 1. März die Unterlagen für den Zulassungsantrag und reichte ihn am 15. März in der Freien Universität ein. Als Begründung für den Wechsel gab ich an: „Ich habe mich jetzt entschlossen", die Ostberliner Universität „zu verlassen, weil meine politischen Überzeugungen ihrer kommunistischen Richtung entgegenstehen". Da es Zulassungsbedingungen unter anderem darüber gab, wer von zwei Bewerbern bei „gleicher fachlicher und charakterlicher Eignung" bevorzugt zugelassen werden sollte, nahm ich für mich den § 2d in Anspruch („wer aus einer wirtschaftlich oder sozial ungünstigen Familie stammt") und begründete dies mit der wegen des Unfalls meiner Mutter notwendig gewordenen doppelten Haushaltsführung und bat gleichzeitig um ein Stipendium. Später hörte ich, dass ich der Studentin Hanna Renate Laurien, später eine bekannte CDU-Politikerin, vorgezogen worden war.[35]

Das Prüfungsgespräch am 23. März 1949 verlief gut; auf dem Antragsbogen fand ich Jahrzehnte später den Vermerk: „Frl. G. macht einen sehr guten Eindruck, ist offensichtlich fleißig und gewissenhaft und sollte unter der Maßgabe zugelassen werden, dass sie innerhalb eines Jahres das Abitur oder eine Begabtenprüfung ablegt." Mir wurde die Matrikel-Nr. 2594 zugeteilt, und am 12. April erhielt ich den Zulassungsbescheid. Am 2. Mai erlangte ich laut Urkunde „unter dem Rektorat von Friedrich Meinecke als Studentin der Philosophischen Fakultät das akademische Bürgerrecht an der Freien Universität Berlin". Die Nichtanerkennung meines Reifezeugnisses war natürlich ein Schock; aber nach vielen Erkundigungen erhielt ich vom Rektorat der Freien Universität die Auskunft, dass die drei Semester an der Universität unter den Linden und die dort bestandene Zwischenprüfung als Beweis für meine Hochschulreife ausreichen. Die Abteilung für Volksbildung beim Magistrat von Groß-Berlin brauchte allerdings noch bis Ende November 1949 Zeit, um mir die Bescheinigung auszustellen, dass das Reifezeugnis der Vorstudienanstalt „bei der Universität Berlin vom Amt Hochschulen als einem Reifezeugnis einer Oberschule gleichwertig anerkannt" würde.

Eine Prüfung musste ich allerdings wegen der Vorschrift der Promotionsordnung noch nachholen: das Große Latinum, und zwar extern an der Schiller-Schule in Berlin-Charlottenburg. Ich bestand die Prüfung mit der Note „gut". Aber das war erst später, im Juni 1951. Die notwendigen Kenntnisse vom Kleinen zum Großen Latinum hatte ich mir mit Hilfe von Langenscheidts Unterrichtsbriefen autodidaktisch angeeignet. Kurze Zeit nach meiner Berufung zur Ordentlichen Professorin der Philosophischen Fakultät der Göttinger Georg-August-Universität im Jahre 1972 fragte mich ein Kollege etwas besorgt, ob er bei meinem Bildungsgang wohl annehmen müsse, dass ich des Lateinischen nicht mächtig sei. Ich konnte ihn beruhigen.

Vor der Immatrikulation an der FU am 27. April 1949 hatte ich noch eine schwere Hürde zu nehmen: die Exmatrikulation an der Berliner Universität, die am 25. April erfolgte. An sich kein Problem, aber Arbeiter- und Bauernstudenten mussten sich, bevor ihnen ihre Papiere, darunter das Original des Reifezeugnisses, ausgehändigt wurden, beim Ausschuss zur Förderung des Studiums der Arbeiter und Bauern Berlin/Brandenburg, der seinen Sitz in der Wilhelmstraße 68 hatte, abmelden. Dafür brauchten wir eine überzeugende Begründung und natürlich nicht die, dass wir zur Freien Universität wechseln wollten. Ich dachte mir mit einem Kommilitonen eine für die damalige Zeit abenteuerliche Geschichte aus, die uns tatsächlich zu unserem Ziel führte. Wir erklärten uns zu Verlobten (was nicht stimmte, da er schon mit einer Westberliner Studentin verlobt war), er gab an, dass er Soldat in Norwegen gewesen sei (was stimmte) und dort Verbindungen mit norwegischen Widerstandsgruppen geknüpft habe (was wohl stimmte, aber nicht belegbar gewesen wäre), und einige Bekannte aus dieser Zeit hätten nun ihn und mich eingeladen, das Sommersemester an der Universität in Oslo zu verbringen (was reine Lüge war). Ich sehe noch heute das freudige Mienenspiel auf dem Gesicht des Funktionärs und höre seinen Ausruf: Das sei ja herrlich! Nun könnten wir als eine der ersten Arbeiter- und Bauern-Studenten im Ausland zeigen, zu welchen Leistungen im Sinne des Sozialismus man in der SBZ bereits fähig war. Mit seiner Unterschrift versehen rasten wir von der Wilhelmstraße in die Universitätsverwaltung Unter den Linden, erhielten dort unsere Papiere und fuhren zur Erholung erst einmal mit der S-Bahn in den amerikanischen Sektor. Auf meiner Akte fand ich Jahrzehnte später den Vermerk: „exm. 24. 4. 1949 Wechsel zur ‚Freien Universität‘ nach Oslo/Norwegen."[36] Wir hatten bestimmt nicht von einer „Freien Universität" gesprochen, das wäre viel zu gefährlich gewesen. Hatte die Universitätsangestellte, die uns unsere Papiere gab, den Braten gerochen?

Das erste Hauptgebäude der Freien Universität in der Boltzmannstraße, Foto von 1949, Landesarchiv Berlin

Alles weitere verlief etwas weniger aufregend: so die Abmeldung von der Mühlenstraße 76 in Pankow und erst recht die Anmeldung in Dahlem, Habelschwerdter Allee 20 bei Frau Valerie Drews pro forma (damit war ihre Wohnung ‚belegt'). Den Ostberliner Personalausweis musste ich nicht abgeben, er erhielt nur den Abmeldungsvermerk, weil die Polizeiangestellte auf die Auffassung verwies, die sie zu vertreten hatte, dass der Ausweis für ganz Berlin Gültigkeit habe. Die Behörden in Westberlin waren da ganz anderer Meinung und verordneten mir einen sogenannten behelfsmäßigen, für die Dauer des Studiums befristeten Ausweis. So hatte ich zwei Ausweise, wobei der ‚östliche' gute Dienste leisten sollte. Wenn man ihn vorzeigte, konnte man in den Läden der ostdeutschen Handelsorganisation (HO) Brot und anderes kaufen. Keine Verkäuferin hat sich jemals den Ausweis so genau angesehen oder ansehen wollen, dass sie den Abmeldevermerk nach Westberlin entdeckte.

Ich selber wohnte nun weder in Pankow noch in Dahlem und auch nicht bei der rheinischen Frohnatur Mia Grix in Steglitz in der Schönhauser Straße 17a, wo ich seit dem 1. November 1949 angemeldet war, sondern nach wie vor in Miersdorf. Aus heutiger Sicht, ausgestattet mit dem Wissen über die Methoden der Kontroll- und Herrschaftsausübung in der SBZ beziehungsweise DDR, finde ich mich leichtsinnig, aber ich kam durch. Zur Tarnung fuhr ich zum Beispiel eine Zeitlang von Zeuthen den Umweg über Friedrichstraße (als ob ich zur alten Universität wollte) und stieg dort um nach Lichterfelde-West (der einfachere Weg wäre der über Schöneberg gewesen). Drei Stunden Fahrzeit täglich, aber nicht jeden Tag, waren unvermeidbar. Das ging so bis zum 1. Dezember 1950, dann hatte ich die Fahrerei satt und mietete ein kleines Zimmer bei Rose Görner, einer französischen Gouvernante, die einen deutschen Postbeamten geheiratet hatte, der inzwischen verstorben war, in der Schönhauser Straße 10b.

Die Fahrerei hatte ihren Grund darin gehabt, dass ich Geld sparen musste und wollte. Als „Eintrittsgeld" in die FU konnten wir einmalig 90 Mark/Ost 1:1 umtauschen in Westgeld bei einem Kurs 1:4. Stipendien wurden nicht gewährt, höchstens einige Male pro Semester 100 DM, außerdem erhielt ich Gebührenerlass. Ab 1950 bekam man semesterweise eine monatliche Währungsbeihilfe von 80 DM. Meine Waisenrente war ab Januar 1950 aus Altersgründen eingestellt worden. Miete zahlte ich 25 DM, blieben 55 DM für alles Übrige. Wie lebt man von dieser Summe einen Monat lang? Das Mensa-Essen war umsonst und schmeckte, überwiegend aus amerikanischen Beständen, selten gut. Als ich nicht mehr nach Miersdorf fahren konnte, gelang es mir, eine wöchentliche Essensrunde zusammenzustellen: Dienstag bei Onkel Willis Familie, Mittwoch bei Inge Wölk und ihrer Mutter, Donnerstag bei dem alten Ehepaar Schechert im Haus, Freitag bei meiner Wirtin, für Sonnabend, Sonntag und Montag sorgte meine Mutter, die mich regelmäßig besuchte und deren finanzielle Lage sich erheblich verbessert hatte, seit sie seit Juli 1950 als Verkäuferin bei der HO arbeitete. Ein und wieder konnte ich Nachhilfestunden geben, sonst fand sich angesichts der hohen Arbeitslosigkeit keine Arbeit für Studenten in Berlin. Feierstunden wurden jene nicht sehr häufigen Tage, wenn meine Kommilitonin Käthe Unger, die von einem Bauernhof in der Magdeburger Börde stammte, von ihrer Mutter Besuch bekam – danach gab es ordentlich zu essen. Kleidung hatte ich nicht viel, und die Frau meines Professors konnte sich an mich nur erinnern als die, die so schlecht angezogen war. Aber so etwas berührte mich nicht allzu sehr. Wir sahen alle etwas derangiert aus, auch die Männer mit ihren inzwischen filzig und mufflig gewordenen Militärmänteln. Eine neue Art von „Bettelstudenten", ja, das waren wir.

1949 bis 1951

Studentin an der Freien Universität Berlin

Zu dem nur halbwegs fröhlichen Bettelstudententum gehörten die kleinen Schwarzmarktgeschäfte. Meine sahen so aus: Da schenkten mir einige Ragower Bauern Eier, die ich an Westberliner Bekannte verkaufte. Vom Verkaufserlös besorgte ich Salzheringe, die ich mit einem kleinen Verdienst für mich zu den Bauern im Tausch gegen neue Eier brachte. Das Ganze wiederholte sich, bis ich nicht mehr in die DDR fahren konnte. Ähnlich war es mit dem Zugang zur Staatsbibliothek Unter den Linden im Ostsektor. Nachdem die Bücher-Sammelaktionen der FU-Studenten in den vornehmen Westberliner Stadtteilen sich als Fehlschlag erwiesen hatte – abgeben wollten die Bürger nur Kriegerisches und Kaiserliches (viel Anderes hatten sie vielleicht auch gar nicht zu bieten) –, nutzten wir die Möglichkeit, im Lesesaal der Staatsbibliothek zu arbeiten. Bücher ausleihen konnten wir allerdings nicht, weil wir dann unsere Identität hätten preisgeben müssen. Das Personal an der Bücherausgabe für den Lesesaal hatte natürlich bald heraus, woher wir kamen, jedenfalls nicht von der Humboldt-Universität. Gegen ein bisschen Schokolade, ein paar Bananen und auch schon ab und an ein Paar Nylonstrümpfe ‚tauschten‘ wir unsere Bücher ein. Das ging so bis zum Ende meines Studiums.

Ende Mai 1949, nach vier Wochen Studium an der FU, atmete ich durch und fand, mich richtig entschieden zu haben:

Es ist noch gar nicht so lange her, da stand ich dem Projekt der FU sehr skeptisch gegenüber. Aber inzwischen hat sich die polit. u. fachl. Entwicklung an der Humboldt-Uni so zugespitzt, daß ein Verbleiben auf ihr unmöglich ist. Wollte ich in irgendeinem Seminar meine Meinung offen aussprechen, würde ich sofort relegiert werden. So langsam muß ich auch an mein Examen denken: im Westen liegt nun einmal die Zukunft. Meine übrigen Vorbehalte gegen den Westen, besser die amerikan. Lebensform bleiben weiter bestehen, ich bin Sozialist und weiß, daß der Kapitalismus nichts schenkt, aber ihn zu wählen anstelle des Kommunismus bleibt das kleinere Übel!

Nun hätte ja erst einmal alles in ruhigeren Bahnen weiter laufen können. Nicht bei mir! Zuerst tauchte die Partnerfrage auf, und am 30. Mai bemerkte ich:

Würde ich jetzt eine Freundschaft mit einem Mann anfangen, so wäre das entweder nur ein Abenteuer und damit eine Zeitverschwendung oder aber ich würde, könnte ich dem Mann etwas von meinem Herzen entgegenbringen, ihn und mich unglücklich machen. Denn: Heiraten kann und will ich vorläufig nicht, weil ich glaube, noch andere, in Wissenschaft und Beruf liegende Aufgaben erfüllen zu müssen.

Ich bräuchte einen Mann, der Verständnis für meine Begabung hat und darin einwilligt, daß ich sie ausbreite, dem ich Helfer in seinem Lebenswerk sein kann und dennoch Frau und dennoch Mutter seiner Kinder. Aber wo ist der Mann, der darin einwilligt!? Die Emanzipation der Frau ist ja dem Mann noch gar nicht ins Bewußtsein gedrungen. Die meisten Männer wollen die Frau als Objekt ihrer Leidenschaft. Aber die Frau, zumind. die intelligente will dem Mann heute nicht nur Weibchen sein, sondern auch Kameradin in den geistig-seelischen Bezirken. Für mich gibt es nur die Möglichkeiten: Entweder ich finde den Partner, der mein Selbst respektiert, oder ich werde eines Tages vor die Wahl gestellt: Mann oder Berufung.

Aber was hieß „Berufung"? Nach Schluss des Sommersemesters im Juli 1949 haderte ich wieder einmal mit meinem Hauptfach Geschichte, beklagte die Subjektivität seiner Vertreter nun auch an der FU und liebäugelte mit den Naturwissenschaften, deren Exaktheit mich bestach und deren Nähe zum konkreten Leben und die sich aus ihm ergebenden Aufgaben mich beeindruckten. Dabei wusste ich, dass es kein Zurück geben konnte nach vier Semestern Geschichtsstudium und mit einem Reifezeugnis versehen, welches das Studium der Naturwissenschaften ausschloss.

Fast unvermeidlich drängten sich auch wieder einmal die Fragen nach der Existenz Gottes, dem Glauben an ihn und der Bedeutung der Religion auf. Diese hätte unter naturwissenschaftlichen und philosophischen Aspekten betrachtet „keine Lebensmöglichkeit mehr", wenn die Ergebnisse der Wissenschaft allen Menschen zugänglich wären. Und zu mir persönlich bemerkte ich:

Ich bin weder Theist noch Atheist, ich weigere mich, als göttlich hinzu-
nehmen, was Menschenwerk ist, ich weigere mich, mir Vorstellungen
über „Gott" zu machen. Der Begriff „Gott" ist ja nur eine Ausflucht des
menschlichen Unvermögens einer absoluten Erkenntnis. Wir haben
Grenzen unseres Erkenntnisvermögens, was hinter ihm liegt, davon
können wir nichts wissen, weil es dafür keine Aufnahmeorgane gibt.
Ich will nicht glauben: „Glaube versetzt Berge", ja, Berge von Unge-
reimtheiten. Ich setze dem Glauben nicht den Zweifel entgegen, wohl
aber die Behauptung, was nicht sein könnte, ist auch nicht.

Seither betrachte ich mich als Agnostikerin, mal etwas katholisch, mal
etwas evangelisch gefärbt. Das ist nicht einfach so dahin gesagt: Am
Katholischen fasziniert mich die Soziallehre, am Evangelischen finde
ich die vernunftorientierte Sozialmoral anziehend. Das Hin und Her
aller Erwägungen dauerte an, und erst im Juli 1950 hatte ich mein
Gleichgewicht gefunden. Mit einem Kreis von Mitstudentinnen konnte
ich die persönlichen Probleme, die den ihren ähnlich waren, entspannt
diskutieren. Unter den männlichen Mitstudenten fand ich eine Reihe,
mit denen ich mich gut verstand, von denen ich viele Anregungen aufnehmen und mit denen ich mich intellektuell messen konnte. Ich will
sie nennen, weil sie unter Historikern keine Unbekannten geblieben
sind: Franz Ansprenger, Hans-Dietrich Loock, Karlheinz Dederke,
Gilbert Ziebura, Friedrich Zipfel und vor allem Gerhard A. Ritter.[37]

Genau betrachtet begann erst jetzt, Mitte 1950, das Studium ohne
Wenn und Aber, fast kraftvoll inspiriert und zielorientiert. Das ver-
dankte ich Hans Rosenberg,[38] der wie bereits im Sommersemester
1949 nun auch im Sommersemester 1950 wegen der unterschiedlichen
Semesterzeiten aus den USA für eine Vorlesung und ein Hauptseminar
an die FU gekommen war und so lehrte, wie wir es alle bis dahin noch
nicht erlebt hatten. Als Schüler Friedrich Meineckes, der 1933 als Jude
emigrieren musste, verband er die Traditionen der ideengeschichtli-
chen Betrachtung mit den wirtschafts- und sozialgeschichtlichen For-
schungsrichtungen, wie sie sich inzwischen in Westeuropa und in den
USA durchgesetzt hatten, deren Ursprünge freilich in Deutschland zu
finden waren, denkt man allein nur an Max Weber. Zudem war Rosenberg ein ganz anderer Wissenschaftler-Typus, als wir ihn kannten: ein
fröhlicher Rheinländer, seine Thesen mit Lust zuspitzend, ohne den

geringsten Wert auf Professoren-Nimbus zu legen und ohne die dazu gehörende Eitelkeit, bereit auch, seinen Studenten auf Augenhöhe zu begegnen.

Für mich stand jetzt die Richtung meiner Orientierung als Historikerin fest: Sozial- und Wirtschaftsgeschichte sollte es sein. Und schon sprudelten die Themen: Entwicklung des Liberalismus und Konservatismus als Parteien im spätwilhelminischen Reich, die Auswirkungen der Puttkamerschen Personalreformen, Staat und Sozialismus um 1918, die Wissenschaft und die Wilhelminische Ära, Treitschke als politischer Historiker, eine Analyse der Funktion der Stände vor 1914 (Beamte, Offizierskorps, Universitäten, Großagrarier), die Lage der Arbeiterklasse vor 1914, besonders im Hinblick auf den Ersten Weltkrieg, die Gewerkschaftsbewegung in der Weimarer Republik, das Versagen der SPD und der Mittelparteien nach 1918, die politischen Funktionen der Reichswehr, des Landbundes und so weiter. Monografische Darstellungen über die Weimarer Republik fehlten, so auch die Erklärung des Zusammenhangs zwischen Nationalsozialismus und Massenbedürfnissen und eine umfassende Arbeit über den deutschen Nationalismus. Das alles, gestand ich mir ein, seien nur Andeutungen für mehr oder weniger klare Programme in meinem Kopf, und ich fragte mich auch, „ob ich als Frau jemals in der Lage sein werde, diese oder ähnliche Arbeiten, die selbstverständlich den Rahmen einer Dissertation sprengen würden, auszuführen". Die Antwort, die ich mir gab, lautete: „Ich will darüber nicht nachdenken. Ich will die Dinge wachsen lassen und dann sehen. Theoretisch besteht kein Hindernis, auch als Frau gute historiographische Ergebnisse zu erzielen – so meinte, glaube ich, Rosenberg."

Auch die aktuelle Politik interessierte mich wieder stärker: Die Situation Berlins empfand ich im Herbst 1950 immer noch als äußerst kritisch; überhaupt hielt ich die Situation in Deutschland für verfahrener als 1918, wo den sozialistischen Kräften, wie ich meinte, wenigstens noch vorübergehend eine Einflussnahme auf den republikanischen Staat gegeben war:

Heute sind die reaktionären Kräfte, mit Ausnahme von wenigen notorischen Nazis, fest im Sattel: Bürokratie, Schwerindustrie, Finanz, politische Reaktion. Heute brauchen sie keine Geheimverbände und

Schwarze Reichswehr, und selbst die sozialistischen Kräfte sind schwer verbourgeoist, wollten sie sich doch zur Tatkraft aufraffen und sich nicht wie Spießbürger gebärden.

Besorgt fragte ich mich:

Was wird aus der Arbeiterbewegung, wenn der Arbeiterstand de facto zum Besitzbürgertum geworden sein wird? Oder sorgt die neue Bourgeoisie für immer neue Proletariermassen? Man müsste diese Probleme in Skandinavien studieren und in England. Man müsste in der heutigen Arbeiterbewegung das Verhältnis zwischen Marxismus und neu entwickelten Ideologien untersuchen und die soziologischen Grundlagen dieses Verhältnisses aufdecken. Denn: unser Schicksal ist der Sozialismus, ist, wie es Rosenberg in seiner nüchternen Art ausgedrückt hat, die Lösung des Problems der Vollbeschäftigung, sonst läuft die Masse der Arbeiter dem Kommunismus in die Arme.

Ich vermag im Nachhinein nicht mehr zu entscheiden, was von diesen Überlegungen der Abglanz der Diskussionen in der SPD-Hochschulgruppe gewesen ist. Auch sie waren gekennzeichnet von der Ungeduld darüber, warum es so schwierig war oder vielleicht letztlich gar nicht gelingen würde, das Versprechen „nach Hitler – wir" einzulösen. Die Unsicherheit blieb, wenngleich beispielsweise Alfred Weber oder Martin Drath oder Ernst Tillich sich bemühten, uns auf der Spur zu halten. Ich erinnere mich auch an meine erste Begegnung mit Willy Brandt, den Annedore Leber, die Witwe des von den Nazis ermordeten Widerstandskämpfers Julius Leber, einmal in unseren Kreis mitbrachte. Brandt, der am Anfang seiner Politikerkarriere stand, sprach nur kurz zu uns, vermittelte aber sogleich die Zuversicht auf eine Zukunft, an der auch wir mitarbeiten wollten.

Mein politisches Interesse entging dem Professor, der mich dann alsbald als Doktorandin annahm, nicht. Hans Herzfeld[39] ließ mich am Ende einer Sprechstunde wissen, dass er meine politische Betätigung schon seit Längerem beobachte, und forderte mich auf, weiterzumachen. Ich weiß eigentlich rückblickend nicht, wie das ‚Sozialistische' an mir zum Ausdruck kam, außer dass ich arm war und arm aussah; aber das waren ja die meisten Studenten in dieser Zeit. Wahrscheinlich waren es doch die Richtung der Antworten, die ich auf meine Zukunftsfragen suchte, und eine Haltung, gemischt aus Unter- und Überlegenheit. Herzfelds Liberalität ließ es auch zu, dass ich mir mein Dissertationsthema selbst suchen konnte, nachdem ich seinen Vorschlag, über Caprivi, den Nachfolger Bismarcks als Reichskanzler, zu forschen, nicht attraktiv genug fand. Nach einigem Hin und Her wurde Konsens erzielt: Zentrum und katholische Arbeiterschaft in der Weimarer Republik.

Das Jahr 1950 ging folgenreich zu Ende: Den Heiligen Abend verbrachte ich wie in den Jahren davor in Miersdorf bei meiner Mutter. Am frühen Abend des ersten Feiertags hörte ich eine Warnmeldung des RIAS: „Ostzonenstudenten" der FU sollten nicht in die Zone fahren, und wer sich dort bereits aufhielt, sollte sofort nach Westberlin zurückkehren, da Razzien geplant seien. Ich packte meine Sachen zusammen, ging zum Bahnhof Zeuthen und fuhr mit der S-Bahn nach Berlin-Steglitz. Das war das Ende meines west-östlichen Doppellebens. Ostberlin betrat ich erst wieder im Jahre 1987.

Auf dem Weg zum Dr. phil.

Meine Ausgangsfrage für das Dissertationsprojekt lautete, warum so viele Arbeiter in der Weimarer Republik bei identischer Klassenlage nicht SPD gewählt hatten, sondern die Deutschnationale Volkspartei und das Zentrum. Beiden Parteien standen gewissermaßen eigenständige Gewerkschaften oder sogar im Falle der DNVP wirtschaftsfriedliche, also nicht streikende Vereine zur Seite. Zunächst reizten mich diese Vereine, die sich hinter einer nur schwerlich als republikanisch und demokratisch zu bezeichnenden radikal nationalistischen Partei aufstellten und deren Vorsitzende diese Partei im Reichstag vertraten. Die Quellenlage erschien mir aber nicht ausreichend, und so wandte ich mich, angeregt durch einen Aufsatz von Georg Decker[40] aus dem Jahre 1928 in der *Gesellschaft* über „Katholizismus und Sozialismus", mit den gleichen Fragestellungen dem Zentrum, den katholischen Arbeitervereinen und den christlichen Gewerkschaften zu.

Mit meinem ursprünglichen Katholisch-Sein oder mit dem katholischen Teil meiner Familie hatte das wenig, wenn nicht nichts zu tun, sondern hing mit der Neugier zusammen, wie man seinerzeit aktuell die Beziehungen zwischen CDU/CSU und der katholischen Kirche einzuordnen hatte, wie viel ‚Sozialistisches‘ in der Katholischen Soziallehre steckte und ob sich wohl eine historische Fundierung des Sozialismus aus christlicher Verantwortung überhaupt finden lassen könnte. Gleichzeitig stellte sich mir die Frage nach dem Verhältnis von Sozialdemokratie und Marxismus: Ließ sich unterscheiden zwischen dem zu Arbeitshypothesen revidierten und dem orthodoxen Sozialismus? Würden aber dann nicht die Konturen der SPD durch die Aufgabe marxistischen Gedankengutes verschwimmen? Würde sie dann nicht noch kleinbürgerlicher, noch weniger revolutionär? Oder genügte eine Fundierung der SPD auf sozialreformerischen Praktiken nach dem Vorbild der Labour Party?

Die Quellenlage für das Thema „Zentrum und katholische Arbeiterschaft 1918–1933“ erwies sich als relativ günstig, zumal sich herausstellte, dass die Bibliothek des Katholischen Volksvereins (eine Art katholische Volkshochschule) 1933 in die Stadtbibliothek München-Gladbach (später: Mönchengladbach) integriert worden war und als geschlossener Bestand zur Verfügung stand. Ich erhielt die Benutzungsgenehmigung, aber wie sollte ich dorthin kommen? Hans Herzfeld fragte deshalb am 28. September 1951 seinen Kollegen Ludwig Bergsträsser, der für die SPD in den Bundestag gewählt worden war, nach einer Geldquelle für seine „Schülerin“, die er als „ebenso begabt wie fleißig“ kennzeichnete; 200 DM sollten ausreichen. Er setzte hinzu, dass er sich von meinen Arbeitsergebnissen „einen nützlichen Beitrag zur modernen Parteigeschichte“ erhoffte: Er, Herzfeld „würde das vor allem als verheißungsvollen Auftakt für den Wunsch begrüßen, hier in Berlin die sonst stark zurückgestellte Parteigeschichte in meinem Schülerkreis nach Kräften zu pflegen“.[41]

Es dauerte noch bis zum 27. Dezember 1951, bis mir die FU jene 200 DM zur Verfügung stellte (von wem das Geld stammte, habe ich nie erfahren); hinzu kamen noch wie für alle Studenten 25 DM, „weil die Studenten die am schlechtesten lebenden Berliner sind“, wie ich notierte. Die Reise fand vom 19. Januar bis zum 16. Februar 1952 statt und führte mich per Flugzeug nach Hannover und von dort mit dem Zug nach Köln, München-Gladbach, Düsseldorf, Bonn, Königswinter und nochmals Köln und von dort wieder über Hannover per Flugzeug zurück nach Berlin. Eigentlich Katzensprünge, jedenfalls aus heutiger Sicht. Aber für mich war es damals eine Welt(erkundungs)reise. Ein ganzes Schulheft habe ich mit meinem Reisebericht vollgeschrieben.[42] In Berlin hatten mich bereits Dr. Heinrich Vockel, der frühere Generalsekretär des Zentrums und nun erster Berlin-Beauftragter der Bundesregierung, und der katholische Studentenpfarrer Dr. Josef Mörsdorf „präpariert", sodass ich mich mit einigen Vorkenntnissen auf den Weg machen konnte. Gleich in Köln fand ich im Kontrast zu den leidgeprüften und etwas mufflig gewordenen Berlinern den rheinischen Menschen von bezaubernder Freundlichkeit, temperamentvoll, großzügig und hilfsbereit. Bei der Tochter von Mia Grix einquartiert, aß ich zum ersten Mal in meinem Leben Sauerbraten süß-sauer mit Rosinen und Nudeln mit Parmesankäse – ein neues Leibgericht war entdeckt. Am 21. Januar besuchte ich eine Vorlesung von Heinrich Brüning, dem ehemaligen Reichskanzler, der nun in den USA lebte, und traf ihn anschließend zu einem längeren Gespräch. Natürlich war ich beeindruckt von Brüning, aber erfahren habe ich von ihm nicht viel Neues. Vielleicht war aber meine Zeitzeugenbefragung noch etwas unbeholfen und unsicher. Danach reiste ich in meinen Hauptzielort München-Gladbach und arbeitete dort bis zum 10. Februar in der Bibliothek. Wohnen konnte ich wieder bei Verwandten von Mia Grix, allerdings ohne Verpflegung. Für die sorgte weitgehend der Aufsichtsbeamte, dessen Schwiegersohn ein Metzger war, mit reichlich Wurst und Brötchen. Wieder staunte ich über die rheinische Großzügigkeit. Es war Karnevalszeit, und ich erlebte die Redner in der Bütt. Ich erfuhr auch viel über das sparsame Leben der einfachen Menschen, die sich aber den Spaß am Karneval nicht nehmen ließen und eher ihre Wohnungseinrichtung samt Bett ins Leihhaus trugen, um richtig feiern zu können.

In München-Gladbach besuchte ich am 8. Februar den ehemaligen Chefredakteur der *Westdeutschen Arbeiterzeitung*, dem einstigen Organ der katholischen Arbeitervereine, und ehemaligen Oberbürgermeister der Stadt Wilhelm Elfes.[43] Was ich erlebte, war, im Nachhinein betrachtet, eine Einführung in das Milieu von Politik und Gesellschaft der frühen Bundesrepublik. Damals staunte ich erst einmal nur. Elfes lebte mit seiner Frau, Rektorin einer Mädchen-Mittelschule, in einem gediegen ausgestatteten bürgerlichen Haus – davon hatte ich noch nicht viele gesehen. Er war eine imposante Erscheinung und neigte sehr stark zur Selbstbeweihräucherung. Elfes hatte sich mit Adenauer scharf angelegt, weil er fürchtete, dass die Einheit Deutschlands, die er, Elfes, wollte, illusorisch werden würde, sobald Westdeutschland in den Verteidigungsblock Westeuropas mit einbezogen wäre. Die Russen würden das als Bedrohung empfinden und ihrerseits Ostdeutschland noch stärker in den Ostblock integrieren. Aus mir konnte er keinen Proselyten machen, und das einzige, was mir an ihm gefiel, war seine Kritik an der CDU: Die sozialen Unterschiede seien noch stärker als einst im Zentrum, aber die katholischen Arbeiter seien an ihrer Klassenlage völlig desinteressiert. In dem Augenblick, in dem diese ihnen zu Bewusstsein kommen würde, würde die CDU auseinanderbrechen. Auf meine Frage, warum die Arbeiter nicht klassenbewusster seien, verwies Elfes auf die wachsenden gut situierten Verhältnisse. Das Wirtschaftswunder kündigte sich an.

Am 10. Februar machte ich mich auf den Weg nach Düsseldorf und landete erst einmal in Ratingen, weil es dort eine Jugendherberge gab. Am nächsten Tag in Düsseldorf meinte ich mehr Großstadtatmosphäre als in Berlin zu spüren, ja sogar ein wenig internationales Flair, aber auch Merkmale sich anbahnender sozialer Gegensätze. Am 12. Februar hatte ich dann ein Gespräch mit dem Landtagspräsidenten Josef Gockeln;[44] sein Besucher vor mir war Gustaf Gründgens, damals Intendant des Düsseldorfer Schauspielhauses, der mir schon seit Kindheitstagen ein Begriff war, weil ich einige Male beobachtet hatte, wie er und seine damalige Frau, Marianne Hoppe, meistens allerdings nur sie allein, mit einem Einspänner Gäste vom Bahnhof Königs Wusterhausen abholten und zu ihrem Gut in der Nähe fuhren.

Von Düsseldorf ging es nach Bonn beziehungsweise mit der Straßenbahn zur Jugendherberge in Bad Godesberg – wieder ein Erlebnis: am Morgen aufwachen, die Godesburg sehen, ich meinte, ich sei im Märchenland. Noch fassungsloser wurde ich, als ich mich dem Rhein, „Deutschlands Strom", näherte. Am nächsten Tag wanderte ich sogar vom Alten Zoll auf der Rheinpromenade und weiter entlang am wilden Rheinstrand bei schönstem Vorfrühlingswetter nach Bad Godesberg. In Bonn traf ich mich mit dem im Auswärtigen Amt tätigen Josef Deutz, dem Biografen des christlichen Gewerkschaftsführers Adam Stegerwald. Deutz überließ mir nicht nur einige Unterlagen, sondern ermöglichte mir auch einen Besuch des Bundestages. Wieder fühlte ich mich in einem Wunderland, aus dem ich erst wieder erwachte, als ich den Berliner Bundestagsabgeordneten Paul Löbe und Louise Schroeder auf dem Weg in den Plenarsaal begegnete.

Bei Bad Godesberg beziehungsweise Mehlem überquerte ich den Rhein, um im Stegerwald-Haus in Königswinter Hans Katzer, den Schwiegersohn Jakob Kaisers, zu treffen, der seinerzeit als hauptamtlicher Bundesgeschäftsführer der Sozialausschüsse der CDU tätig war. Die letzte Reisestation war noch einmal Köln, wo ich Prälat Dr. Hermann Joseph Schmitt[45] aufsuchte, der die katholischen Arbeitervereine gemeinsam mit Oswald von Nell-Breuning S.J. wieder aufzubauen sich bemühte. Dann ging es zurück nach Berlin, zu meinem großen Bedauern vorbei am Ruhrgebiet, dem Land der „Roten Erde", das ich gerne schon damals kennengelernt hätte und nicht erst 36 Jahre später. Am 16. Februar 1952 wurde ich wieder eine Berlinerin, wenn auch noch lange kein Weltkind (wenn überhaupt jemals eines), aber mit erweitertem Gesichtskreis ausgestattet.

Als Studentin der Freien
Universität Berlin, 1952

Februar 1952 bis März 1953

Die Dissertation

Ab Mitte Februar 1952 konnte ich mich auf das Abfassen der Dissertation konzentrieren – im August sollte ich sie vorlegen, denn Hans Herzfeld hatte eine Einladung nach England bekommen und wollte sein Gutachten noch vor der Abreise schreiben. Es war eine harte Arbeit, die oft in den Morgenstunden ab sechs Uhr begann. Ein so gegenwartsnahes Thema war damals unter Historikern ungewöhnlich, wenn nicht sogar unsolide, weil der Abstand um der Wissenschaftlichkeit halber fehlte. Ich fand, und so steht es auch im Vorwort der Dissertation, dass gerade die Gegenwart nun einmal gebieterisch Antwort auf die Frage forderte: „Wie konnte es kommen?" Mit „es" war die nationalsozialistische Diktatur gemeint. Ich bestand darauf, dass „dem mit politischem Interesse Geschichte Studierenden die Entscheidung zwischen dem noch nicht einmal allgemein anerkannten Gebot seiner Wissenschaft und der Forderung der Zeit nicht allzu schwer (fällt)". Eine solche Aussage war in der damaligen Zeit ziemlich frech.

Erklärungsbedarf gab es für die Quellenlage: Erkundigungen bei Jakob Kaiser, Karl Arnold, Heinrich Vockel und Heinrich Krone,[46] aber auch die Gespräche mit Heinrich Brüning und Hans Katzer bestätigten: Es gab kein unveröffentlichtes Quellenmaterial wie Briefe, Aufzeichnungen, Akten, Protokolle; alles war im Krieg verbrannt, in die Hände der Gestapo gefallen oder von den Besitzern vor dem Zugriff der Gestapo vernichtet worden. Deshalb stand nur, das allerdings überreichlich, veröffentlichtes Material zur Verfügung: Parteitagsprotokolle (der Zentrumspartei), Kongress-Niederschriften (der Christlichen Gewerkschaften), Verhandlungsprotokolle des Reichstags und des Preußischen Landtags sowie Zeitungen und Zeitschriften. Ein wenig Neuland hatte ich mit dem Versuch betreten, bei meinen Gesprächen mit Zeitzeugen Neues zu erfahren. Sehr ergiebig war das nicht, vielleicht auch deshalb, weil ich noch zu befangen auftrat.

Was ich erforschen wollte, erklärte ich in der Einleitung der Dissertation:[47] War es wirklich die katholische Weltanschauung, die die Interessenpolitik der unterschiedlichen gesellschaftlichen Gruppen – Bauern, großgrundbesitzender Adel, Industrielle und Bankiers, Handwerker, Beamte und nicht zuletzt Arbeiter und ihre gewerkschaftlichen Vertreter – begrenzte oder war es eben gerade nicht diese Weltanschauung, auf die sich alle beriefen, sondern war es nicht vielmehr dem wechselnden Einfluss einmal dieser, einmal jener Gruppe zuzuschreiben, dass die katholische Volkspartei ohne gravierende Brüche auch die Zeit der Weimarer Republik überstehen konnte? Am Schluss lautet meine Antwort, dass zwar am Ende der Weimarer Republik der NSDAP kein Einbruch in den „Zentrumsturm", also auch nicht in die krisenbelastete katholische Arbeiterschaft gelang, dass aber die von den katholischen Arbeitervereinen angedachte und auch von der Sozialdemokratie erhoffte „Front des Proletariats und des Katholizismus" zur Abwehr des Nationalsozialismus nicht zustande kam. Die klerikal dominierte Zentrumsführung unter Prälat Ludwig Kaas wählte einen anderen Weg, den der Tolerierung einer nationalsozialistisch geführten Regierung, aus der mit unglaublicher Schnelligkeit die nationalsozialistische terroristische Diktatur hervorging.

Die Dissertation hatte genau 300 Seiten zuzüglich 18 Seiten Anhang, der biografische Notizen über die Hauptakteure und Wahlstatistiken für das Zentrum zwischen 1919 und 1933 enthielt. Abgeschrieben hatte den Text eine junge Frau, die in Berlin-Treptow, also im Ostsektor, wohnte und die ich deshalb mit DM-Ost bezahlen konnte. Das war ein nicht ungefährliches Verfahren, weil immer wieder mit Kontrollen durch die DDR-Polizei auch in der S-Bahn gerechnet werden musste. Das Promotionsverfahren wurde Anfang August 1952 eingeleitet. Bereits am 21. August bezeichnete Hans Herzfeld meine Dissertation in einem Gutachten, in dem es wieder einmal um eine finanzielle Unterstützung für mich ging, als eine „ausgezeichnete Leistung". Da wusste ich, dass ich es in der Hauptsache geschafft hatte und ließ mich aus Kostengründen am 23. September exmatrikulieren. Das Gutachten Herzfelds über die Dissertation trug sogar schon das Datum vom 19. August 1952. Wie im Einzelnen seine Beurteilung lautete, erfuhr ich nach den damaligen Gepflogenheiten nicht. Erst 58 Jahre später las ich sie.[48] Ich zitiere nur eine markante Stelle aus dem vierseitigen Gutachten:

Frl. Grebing, die selbst Sozialistin ist, wurde offenbar dadurch angeleitet, das Thema von Anfang an im Lichte einer höchst wichtigen und aufschlussreichen Fragestellung anzugreifen, der Frage, wie auf der einen Seite die Gemeinsamkeit der katholischen Weltanschauung; auf der anderen Seite die Einwirkung wirtschaftlicher und sozialer Interessenmotive die Zentrumspolitik der Weimarer Zeit beeinflussend gestaltet haben. Trotz ihrer persönlichen Neigung, die Bedeutung des ökonomischen und sozialen Koeffizienten grundsätzlich sehr hoch einzuschätzen, hat sie in ihrem Urteil über diese heikle Frage doch eine anerkennenswerte objektive Sachlichkeit gewahrt. [...]

Die Arbeit kann so als ein gelungenes Beispiel gelten, dass bei der notwendigen Intensität von Problemstellung und kritischer Durchführung der Untersuchung sehr wertvolle und nützliche Leistungen zur Grundlegung der Geschichte dieser verhältnismäßig nahen Vergangenheit möglich sind.

Das vorgeschlagene Prädikat lautete „magna cum laude". Der Zweitgutachter, Wilhelm Berges,[49] schloss sich dem mit einigen Bedenken an:

Sicher ist aber, dass die Verfasserin von ihrem unumwunden eingestandenen sozialistischen Standpunkt aus mit ungewöhnlichem Verständnis und ungewöhnlicher Toleranz an die Betrachtung der Dinge herangegangen ist und mit Recht den Doktrinarismus der Politiker anprangernd eine echt wissenschaftliche Denkweise für sich in Anspruch nehmen kann.

Kommentieren will ich diese Beurteilungen nicht. Nur so viel sei erlaubt: Eher mit Verwunderung denn mit Unbehagen stellten die beiden Professoren fest: Jemand aus dem sozialistischen Lager, noch dazu ein „Frl.", hatte es geschafft, sich in einer der „heiligen Hallen" der bürgerlichen Lebenswelt, der Universität, niederzulassen. Da Berges sein Gutachten erst am 9. Dezember ablieferte, konnte das Rigorosum erst am 16. Dezember 1952 stattfinden. Da sich Herzfeld noch in England aufhielt, prüfte mich in Neuerer Geschichte der Schweizer Gastprofessor Walther Hofer. Leider verstanden wir uns überhaupt nicht und an die besprochenen Schwerpunkte hielt er sich auch nicht. Im Fach Germanistik prüfte mich Hermann Kunisch, nach meiner dunklen Erinnerung ging dies recht gut. Aber insgesamt wurden meine Leis-

Fräulein Dr. Helga Grebing, 1953

tungen auf die Note „cum laude" statt „magna cum laude" herunter-
gestuft, was mich durchaus beleidigt hat.

Nach Herstellung der Pflichtexemplare, die laut Promotionsordnung
vorgelegt werden mussten (einen Druckzwang gab es noch nicht), erfolgte die Übergabe der auf den 16. Dezember 1952 datierten Promoti-
onsurkunde am 23. Februar 1953, also kurz vor meinem 23. Geburtstag. Die erfolgte Promotion wurde in den *Mitteilungen für Dozenten
und Studenten* der Freien Universität Nr. 24 vom 1. April 1953 bekannt
gemacht – da war ich schon über alle Berge fast in den Bergen, nämlich
in München. Meine Dissertation wurde nie gedruckt, obwohl Hans
Herzfeld und vor allem Ludwig Bergsträsser sich um eine Veröffentlichung in der *Schriftenreihe der Kommission für Geschichte des Par-
lamentarismus und der politischen Parteien* einsetzten. Bergsträsser,

der selbst Mitglied der Kommission war, konnte sich offenbar gegen Werner Conze nicht durchsetzen. Jedenfalls übernahm es Conze, mit mir über eine Überarbeitung und Ergänzung zu sprechen; ich besuchte ihn sogar in Münster, wo er mir seine Vorstellungen mitteilte. Das war 1954. Den Versuch, auf seine Vorschläge einzugehen, gab ich bald auf; schließlich musste ich meinen Lebensunterhalt verdienen. Leider entging mir auch mit Hinweis auf die erwartete Überarbeitung der Dissertation eine Forschungsaufgabe im Münchener Institut für Zeitgeschichte, das von meinem Berliner Lehrer Paul Kluke geleitet wurde. Warum Conze mit mir so rigide umging, habe ich damals nicht begriffen. War Conze mein „Opus" schlicht zu sozialistisch, zu links und stand er mehr rechts, als wir jungen Historiker uns seinerzeit vorstellen konnten?[50]

Ein schneller Abschied von Berlin

Im Dezember 1952 meldete ich mich zum Staatsexamen in den Fächern Geschichte und Germanistik an; zum Examen gehörte auch eine Prüfung in Philosophie; die Dissertation wurde als Hausarbeit anerkannt. Wenn die Prüfung abgelegt war, musste ich, das war mir klar, Berlin verlassen, es sei denn, ich würde hier Arbeit finden. Die Genehmigung für einen Aufenthalt in Westberlin lief mit dem Ende des Studiums ab; folglich hatten wir Studenten auch nur einen Behelfsmäßigen Personalausweis. Dieses Damoklesschwert hatte mich in der Mitte des Studiums veranlasst zu überlegen, ob ich vielleicht einen Studienort in Westdeutschland finden könnte. Hamburg lag nahe, eine Unterkunft hätte ich wohl bei den Eltern von Miersdorfer Bekannten gefunden. Aber der Plan verlor sich. Bald nach dem Rigorosum wurde mir klar: In Berlin gab es keine Arbeit für mich, was bedeutete, dass ich spätestens im März 1953 eine neue Bleibe finden musste. Aber wo? Nach der verqueren Logik der Westberliner Bürokratie hätte ich in die DDR zurückkehren müssen; denn in Westdeutschland nahm mich kein Ort auf, wenn ich nicht Wohnung und Arbeit nachweisen konnte.

Zu allem Überfluss musste ich auch noch zum 1. Dezember 1952, also mitten in der Vorbereitung auf das Rigorosum, nach einer Kündigung mein Zimmer aufgeben; die Wirtin sah wohl keine Gefahr mehr darin, dass sie nicht überzeugend Eigenbedarf würde nachweisen können. Aber Mia Grix ließ mich nicht im Stich; ich fand bei ihr in der Kellerwohnung eine Unterkunft.

Am 21. Januar 1953 schrieb ich die Klausur im mir trotz Anstrengung fast schleierhaft gebliebenen Mittelhochdeutsch; am 10. März fand die Prüfung im Fach Geschichte mit sehr gutem Ergebnis statt, am 14. März folgte die Prüfung im Fach Deutsch mit der Note gut, ebenso dann am 24. März im Fach Philosophie. Am Ende dieser Prüfung erfuhr ich dann, dass die mittelhochdeutsche Klausur mit „nicht genügend" beurteilt worden war, sodass die Gesamtnote für das Fach Deutsch „ausreichend" lautete und mir insgesamt das Zeugnis „befriedigend bestanden" zuerkannt wurde. Fast wähnte ich mich am Boden zerstört, aber die Studienfreundin Ruth Wellmer tröstete mich: Kein anderer hätte diese Ochsentour ausgehalten.

Denn gleichzeitig mit den Prüfungen musste ich ja meine Ausreise nach Westdeutschland betreiben. Seit Dezember 1952 hatte ich bei 40 bis 50 Verlagen wegen eines Volontariats angefragt. Die Verlage hatte ich danach ausgesucht, ob sie ein Profil hatten, das in mein Interessengebiet fiel. Von nur dreien bekam ich keine Absage. Der eine stellte

Meldestelle für DDR-Flüchtlinge in der Kuno-Fischer-Straße, Berlin-Charlottenburg, März 1953, Landesarchiv Berlin

die Bedingung, dass ich neben dem Volontariat noch eine Verlagskauf-
mannslehre absolvieren sollte; der zweite ging bald darauf in Konkurs;
der dritte passte – es war der Isar (später Olzog) Verlag in München,
der bereits Ludwig Bergsträssers *Geschichte der deutschen Parteien*
und Wilhelm Mommsens Sammlung der deutschen Parteiprogramme
publiziert hatte. Da sagte ich „ja", und alle Studienkollegen beneideten
mich nun darum, dass ich in eine Stadt, die schon wieder zu leuchten
begann, gelangen würde. Aber wie kam ich dorthin?

Am 7. März 1953 stellte ich in der Kuno-Fischer-Straße in Berlin-
Charlottenburg, einer Nebenstelle der Senatsverwaltung für Sozial-
wesen, unter Berufung auf das Berliner Gesetz über die Notaufnahme
von Deutschen vom 21. Dezember 1951 einen „Antrag auf Erlaubnis
zum ständigen Aufenthalt im Bundesgebiet". Ich wurde in die Gruppe
„jugendliche Personen" eingeordnet, zu denen man bis zum 24. Lebensjahr gezählt wurde. Damit wurde das sogenannte Notaufnahme-
verfahren eröffnet: Zuerst musste ich mir beim Ärztlichen Dienst und
in der Schirmbildstelle einen Gesundheitspass besorgen, dann kam,
wozu auch immer, die „Sichtungsstelle", die Zuständigkeitsprüfung,
die sogenannte Einweisung („Alleinstehende Jugendliche, weiblich,
Zimmer 30"), die Polizei, die Anmeldung, die Vorprüfungen I und
II, die Terminstelle, die Transportstelle. Die suchte ich am 16. März
auf; stundenlanges Anstehen bei all den genannten Stellen, und das
meist im strömenden Regen, ungeduldige, schimpfende Menschen
(viele Bauern flüchteten damals aus Angst vor der Enteignung aus der
DDR) hatte ich hinter mir. Am 17. März wurden mir alle Bescheide
ausgehändigt. Als „Vorläufiger Aufenthaltsort" wurde das Nebenlager
Westertimke (für weibliche Jugendliche) des Lagers Sandbostel-Loc-
cum (in der Nähe von Bremen) bestimmt. Am 27. März, also drei Tage
nach der letzten Prüfung für das Staatsexamen, wurde ich mit anderen
Betroffenen nach Hannover geflogen (außer einem Koffer und einem
Pappkarton hatte ich kein Gepäck) und nach Uelzen transportiert, wo
ich von einem Secret-Service-Mann ins Verhör genommen wurde, um
auszuschließen, dass ich eine Spionin war.

Nach fünf Tagen Aufenthalt in Westertimke erhielt ich am 31. März
1953 von der Leitung des Aufnahmeverfahrens im Notaufnahmelager
Uelzen „die Erlaubnis zum ständigen Aufenthalt im Bundesgebiet".
Die Begründung lautete: Die Antragstellerin habe den sowjetischen

Sektor von Berlin „aus zwingenden Gründen" verlassen. Es hätten „besondere berufliche Umstände vorgelegen, die in der Aufnahmever-handlung glaubhaft dargetan werden konnten". Als Land, „in dem die Aufgenommene ihren ersten Wohnsitz zu nehmen hat, wird Bayern bestimmt". Das Land Bayern ließ es sich nicht nehmen, „die Aufge-nommene" erst noch zum Landesdurchgangslager Hammelburg um-zuleiten, das ich am 1. April 1953 innerhalb weniger Stunden passierte. Damit war die Berlinerin zur Bürgerin des Freistaates Bayern avan-ciert. In der Nacht vom 1. auf den 2. April fuhr ich nach München. Dort kannte ich niemanden und fast nichts und ging erst einmal in die Jugendherberge Wendl-Dietrich-Straße. Hier putzte ich mir ein wenig den Berliner Staub ab und eilte in den Isar Verlag in der Von-der-Tann-Straße 2 in der Nähe der Feldherrnhalle; die wenigstens kannte ich von dem Kurzbesuch im November 1941 auf dem Weg nach Alassio. Eine neue Zeitrechnung hatte begonnen, und am 16. Juni 1953 konnte ich feststellen:

Hier in München [...] ist dann alles überraschend gut gegangen. Je-denfalls gefällt es mir hier gut, Kunststück bei der Schönheit des baye-rischen Voralpenlandes. Auch mein Beruf befriedigt mich durch und durch, abwechslungsreich, spannungs- und verantwortungsbeladen, das rechte Mittelstück zwischen Politik und Wissenschaft einerseits und Leben andererseits, zumal man auch noch kaufmännische Ta-lente spielen lassen kann. Und mit dem Druckgewerbe muss man sich auch vertraut machen, gesellschaftlich gut bewegen im Verkehr mit den Autoren, vorbildlich sein und doch bestimmt. Schnelle Schaltung ist genauso unerlässlich wie peinlichste Ordnung. Ich kann und mag nicht beurteilen, welche von den aufgeführten Merkmalen ich besitze und welche nicht. Jedenfalls habe ich die Probezeit bestanden, und nicht einen Augenblick in den drei Monaten hat mich meine Tätigkeit gelangweilt.

„Meilensteine" von 1953 bis 2011[51]

München 1953 bis 1965/68

Meine Zeit in München bedeutete für mich volles Leben im Quadrat. Ich hatte eine höchst interessante Arbeit als Verlagslektorin, darunter die Betreuung der über 800 Seiten starken *Deutschen Parteiprogramme* von Wilhelm Mommsen (unter der Mitwirkung seiner Söhne Wolfgang und Hans) und die Autobiografie von Wilhelm Hoegner; außerdem war ich Redakteurin der *Politischen Studien*, lange bevor sie ganz und gar in CSU-Hände fielen. Das alles bedeutete aber nicht, dass ich etwa nicht nach beruflichen Veränderungen suchte und sie teilweise auch fand. Die Tätigkeit im Wiener Haus-, Hof- und Staatsarchiv für den amerikanischen Historiker Stefan Possony neben meiner Arbeit im Verlag und in der Redaktion von 1956 bis 1958 jeweils zwei Wochen im Monat brachte mir stattliche Honorare in Dollar ein. Die Leitung des ersten nichtkonfessionellen internationalen Studentenwohnheims „Geschwister Scholl" 1959 bis 1961 war Neuland für mich. Schließlich übernahm ich 1961 die Leitung der Abteilung Politische Bildung und Zeitgeschichte in der Münchener Volkshochschule – das passte gut zu mir, einschließlich der nun zunehmenden Vortragstätigkeit in der Volkshochschule, besonders bei „Arbeit und Leben" in München, wo ich eine Zeit lang Vorsitzende war, in der Georg von Vollmar-Akademie in Kochel am See, in der Akademie für politische Bildung in Tutzing, in der DGB-Bundesschule in Niederpöcking am Starnberger See, aber auch außerhalb Bayerns.

Nicht in direktem Zusammenhang, aber doch vielfach durch die politische Bildungsarbeit angeregt, standen meine publizistischen Arbeiten. Zuerst waren es kleine Artikel in den *Politischen Studien*. Dann 1959 mein erstes Buch: *Der Nationalsozialismus. Ursprung und Wesen*, 1962 die *Geschichte der deutschen Parteien*, 1966 die erste Auflage der *Geschichte der deutschen Arbeiterbewegung*. Die Verkaufserfolge der Bücher und die Dollar-Schecks verschafften mir ein bescheidenes, aber gutes Leben: 1958 die erste eigene Wohnung (anderthalb Zimmer, Küche, kleines Bad), sodass ich meine Mutter unter dem Stichwort „Familienzusammenführung" mit Sack und

Pack legal nach Feldafing am Starnberger See holen konnte, wo ich damals noch wohnte; 1960 dann das erste Auto, ein Fiat 600.

Auch meine politische Arbeit gewann Konturen: Ich wurde geschäftsführendes Vorstandsmitglied der Münchener Arbeitsgemeinschaft Sozialdemokratischer Akademiker, die Waldemar von Knoeringen, der führende bayerische Sozialdemokrat, und Hans-Jochen Vogel, damals Münchens Oberbürgermeister, zu großer politisch-kultureller Resonanz geführt hatten; ich kandidierte (wie die Platzierung voraussehen ließ) vergeblich für den Bayerischen Landtag; ich sollte 1961 auf Wunsch der Münchener Arbeitsgemeinschaft Sozialdemokratischer Frauen für den Bundestag kandidieren (wozu ich mich allerdings nicht stark genug fühlte); ich war stellvertretende Vorsitzende der SPD-Sektion Feldafing und wurde schließlich als Beisitzerin in den Vorstand des SPD-Unterbezirks München gewählt.

Aber mein Leben war viel mehr als Beruf und Partei. Viele Freundschaften entstanden und sie vergingen zum Teil wieder. Lebenskluge, weltgewandte Frauen, meist älter als ich, bemühten sich um mich, meist mehr als ich mich um sie; Männer, Wissenschaftler und Publizisten, meist sehr viel älter als ich (und verheiratet), kreuzten meinen Weg, wobei sich die gegenseitigen ‚Begehrlichkeiten' in etwa die Waage hielten. Es entstanden auch Lebensfreundschaften: so mit den späteren bekannten SPD-Bundestagsabgeordneten Helga Timm und Renate Lepsius, mit Rolf Reventlow, Spanienkämpfer und nun Sekretär der Münchener SPD, mit der früh verstorbenen SPD-Stadträtin Elfriede (Fritzi) und ihrem Mann Max Mannheimer, der heute noch, inzwischen 92 Jahre alt, für ein würdiges Gedenken an die Holocaust-Opfer lebt und kämpft.

Weit hinausragend und mein Denken und Handeln, ja mein ganzes Leben bis heute bestimmend wurde die Freundschaft mit Fritz Sternberg und seiner Frau Lucinde Sternberg-Worringer seit deren Rückkehr aus den USA im April 1959 (Lucinde und ich kannten uns bereits oberflächlich seit 1954 über ein Verlagsprojekt). Sternberg wurde mein Lehrmeister in Theorie und Praxis des demokratischen Sozialismus – mein bis dahin vorwiegend ethisch und historisch begründetes Verständnis des Sozialismus erhielt nun durch ihn seine rationale und gegenwartsbezogene Prägung. Sternberg war damals für nicht wenige überzeugte Sozialisten, die die Perversionen des

Sowjetkommunismus unsicher gemacht hatte, ein Hoffnungsträger, weil er es vermochte, Marx weiter zu denken und zugleich bereits global orientierte Wege in die Zukunft vorzuschlagen. Er starb, gerade 68 Jahre alt, am 18. Oktober 1963, einige Tage bevor er sich wieder einmal mit Willy Brandt, zu deren Beratern er gehörte, treffen wollte. Auf der Trauerfeier auf dem Münchener Ostfriedhof, zu der Lucinde Sternberg erfolgreich darauf bestanden hatte, für den Juden Fritz Sternberg das christliche Kreuz zu verdecken, sprachen neben anderen Waldemar von Knoeringen und Richard Löwenthal, Sternbergs Weggefährte seit dem Ende der 1920er-Jahre.

Es gab auch viele kleine Freuden des Lebens, eine sei besonders hervorgehoben: das Bergwandern im Voralpenland. Noch heute fühle ich mich, wenn ich durchs Loisachtal nach Kochel fahre, für einen Augenblick unglaublich verjüngt. Überhaupt spürte ich damals bloßes Jungsein als Teil der Freude am Leben, die nun auch mich erreicht hatte. Ich war jung, links und frei. Freiheit war das von mir am häufigsten im Mund geführte Wort, und die Freunde nannten mich dann auch eines Tages „die kleine Freiheit", was mich offen gestanden stolz machte.

Es gab auch Schlappen, und gar nicht so wenige: Ein Forschungsprojekt am Institut für Zeitgeschichte kam, wie schon erwähnt, nicht zustande, weil die Dissertation erst gedruckt vorliegen sollte (wozu es ja nicht kam); die Bewerbung auf eine Stelle in der Frankfurter Dependance des Bundesarchivs zog ich zurück, nachdem mir signalisiert wurde, dass ich trotz der Bemühungen meines Förderers Ludwig Bergsträsser keinen Zuschlag erwarten könne; die Akademie für politische Bildung in Tutzing brauchte mich nicht, weil das sozialdemokratische Kontingent bereits ausgeschöpft war; Pressesprecherin des Bürgermeisters von Hamburg, eine Stelle, zu der mich Immanuel Birnbaum, der außenpolitische Redakteur der *Süddeutschen Zeitung*, ermunterte, traute ich mir nicht zu. In der konservativ ausgerichteten Hochschule für Politik in München bekam ich keinen Fuß auf den Boden; eine Bewerbung als Direktorin der Bochumer Volkshochschule schlug fehl.

Als einen persönlichen Fehlschlag musste ich auch die Leitung des internationalen und als erstes in München nicht konfessionell gebundenen Studentenwohnheims „Geschwister Scholl" 1959 bis 1961 einordnen. Die Aufgabe war an sich attraktiv: 110 Studenten und Studentinnen (ca. 30 von den 110) aus vielen Ländern der Welt sollten gemeinsames Leben ausprobieren und sich dabei weitgehend selbstbestimmt verwalten. Ein anspruchsvolles Kulturprogramm kam hinzu, das uns alle zu demokratischen Weltbürgern erziehen sollte – einmal war sogar der Frankfurter Philosoph Max Horkheimer zu einem Vortrag im Haus, und die Eltern und die älteste Schwester Inge von Hans und Sophie Scholl kamen auch. Und warum ein Fehlschlag? Ich war kaum älter als die Studenten, hatte genau so viel oder so wenig Lebenserfahrung wie diese, erkannte nicht die Brisanz, die gruppendynamische Prozesse haben können, schaffte es nicht, herrschaftsfreie Offenheit und die Notwendigkeit einer funktionierenden Ordnung in diesem kleinen Gemeinwesen in einer für alle (auch dem geldgebenden Trägerverein gegenüber) befriedigenden Weise in Balance zu halten. So gab es dauernd Chaos und Krach und zu wenig Harmonie. Aber immerhin: Mit einem studentischen Bewohner des Geschwister-Scholl-Heims – er war einer der studentischen Hausmeister – verbindet mich bis heute eine gute Bekanntschaft – mit dem englischen Germanisten Prof. Dr. John Margetts.

Nun hätte ich mich ja mit dem begnügen können, was ich seit 1961 als feste Stelle in der Hand hatte: die Leitung der Abteilung „Politik und Zeitgeschichte" in der Münchener Volkshochschule. Aber nach vier Jahren Tätigkeit begann ich mich, gemessen an den mir zur Verfügung stehenden Kräften, als unterfordert zu betrachten, und die Lage in München und in Bayern überhaupt war nicht so, dass ich Veränderungen in Richtung eines beruflichen Aufstiegs erwarten konnte – es sei denn in der Politik. Doch inzwischen war mir klar geworden, dass meine Fähigkeiten nicht in der aktiven Politik lagen, sondern eher in deren wissenschaftlicher Beobachtung und in der Vermittlung der durch sie gewonnenen Erkenntnisse. Aber mein „gelobtes Land" einfach verlassen wollte ich auch nicht. Da fragte der hessische Kultusminister Ernst Schütte, den ich auf einer Konferenz kennen gelernt hatte, bei mir an, ob ich seine persönliche Referentin und Redenschreiberin werden wollte. Hessen war damals vorn, das am weitesten demokratisch entwickelte Bundesland – so rot wie Bayern schwarz, und lockte. Ich vermochte Schütte davon zu überzeugen, dass ich für die von ihm vorgesehene Arbeit nicht so gut taugte, wie er es wohl meinte. Doch kam bald das nächste Angebot aus Hessen: Die Hessische Landeszentrale für politische Bildung richtete ein neues Referat ein, das der Lehrerbildung und der Verbindung zu den Universitäten dienen sollte. Auf diese Stelle sprang ich mit Erfolg.

Das war im Juli 1965 – gerade einige Wochen vorher hatten Lucinde Sternberg und ich beschlossen, unsere Haushalte zusammenzulegen. Eine gemeinsame Reise mit jungen IG-Metallern und einigen Studenten in die ČSSR hatte uns darin sicher gemacht, dass unser Vorhaben richtig war. Und nun haute ich nach Hessen ab, während Lucinde wegen ihrer kranken Mutter (ihr Vater Wilhelm Worringer[52] war bereits Ende März 1965 verstorben) in München bleiben musste. Was das für uns beide bedeuten würde, war uns sofort klar: Mobilität auf beiden Seiten. Ich kaufte ein neues Auto, einen seeblauen VW-Käfer (mein liebstes Auto von allen, die noch kamen), und fuhr an den Wochenenden, sooft es ging, von Wiesbaden nach München und zurück, wobei ich jeweils ungefähr fünf Stunden brauchte. Lucinde kam nach dem Tod ihrer Mutter Ende Oktober 1965 öfter mit dem Zug nach Wiesbaden, wofür sie pro Fahrt noch länger brauchte, nämlich sechs bis sieben Stunden. Was ich nicht wusste, als ich von München Abschied nahm, war, dass dieser Abschied kein endgültiger sein würde, und irgendwie blieb ja denn auch die Haupt- und Regierungsstadt meines Freistaates immer ein wirkliches Stück (nur Stück!) Heimat.

Wiesbaden und Frankfurt am Main 1965 bis 1972

In der hessischen Landeshauptstadt Wiesbaden, wo auch die Landeszentrale für politische Bildung ihren Sitz hatte, und in Frankfurt am Main lebte und arbeitete ich von 1965 bis 1972. Die Arbeit in der Landeszentrale war mir teilweise vertraut: Seminare organisieren und leiten, selbst referieren und hier und da Artikel schreiben. Eine neue Aufgabe war die Schaffung von Verbindungen zu einigen hessischen Universitäten, vor allem zu den Universitäten Frankfurt am Main und Marburg, und dies fächerübergreifend, soweit diese die politische Bildung einschlossen. Eine herausragende Rolle spielte dabei Frankfurt, wo seit 1963 Iring Fetscher lehrte, der damals zu den wenigen wirklichen Marxismus-Kennern gehörte (später waren dies

157

auch einige seiner Schüler). Fetschers offene, wenig konventionelle Art machte mir das „Andocken" leicht; hinzu kam, dass sein Hauptassistent Walter Euchner sich bald als Freund und Kampfgenosse erwies.

Euchner stammte aus einer ursozialdemokratischen Familie; sein Vater hatte nach 1933 zu einer Stuttgarter sozialistischen Widerstandsgruppe gehört, für die Fritz Sternberg, in Basel im Exil lebend, als Kontaktmann tätig gewesen war. So konnte auch der Bogen zu Lucinde Sternberg geschlagen werden, die ihrerseits die Bekanntschaft zu Frankfurter Freunden von Sternberg aus der Exilzeit mitbrachte, nämlich zu Joseph Lang (genannt Jola) und seiner Frau Erna, aber auch Rose Frölich und Max Diamant. Ein Satz von Erna Lang, den sie nach der Lektüre meiner gerade erschienenen *Geschichte der deutschen Arbeiterbewegung* aussprach, macht mich noch heute richtig stolz: „Nun kann man beruhigt sterben." Gemeint war: Die Tradition wird weitergegeben.

Sowohl in Wiesbaden als auch in Frankfurt arbeitete ich in der SPD mit, vor allem in der Bildungsarbeit, für die in Frankfurt der Unterbezirkssekretär Günter Guillaume – der Stasi-Spion – zuständig war. Er setzte mich auch einige Male bei Bildungsveranstaltungen für die hessischen Landesbediensteten ein. Es waren Kurse, die das Landespersonalamt in Bad Wildungen stattfinden ließ. Die Sekretärin des Chefs des Personalamtes Willi Birkelbach war für die Durchführung mit verantwortlich und hieß Christel Guillaume. Nett, wie junge Genossinnen zu sein hatten, habe ich ihr abends mehrfach vorgeschlagen, sich zurückzuziehen, und ihr versichert, dass wir alles ordentlich verlassen würden. Sie blieb strickend oder häkelnd sitzen – warum wohl? Sie wollte uns nicht bloß zu-, sondern auch abhören, denke ich. Als Guillaume nach Bonn zu Willy Brandt gerufen wurde, haben Lucinde Sternberg und ich Jola empört angerufen und gefragt, wieso man so einen Rechten zu Willy gehen ließ. Jola antwortete: „Nennt mir einen Linken, der so viel arbeitet."

Bei einem meiner Besuche in München schlug M. Rainer Lepsius vor, ich sollte mich habilitieren. Daran hatte ich bis dahin nicht einmal im Traum gedacht: wo, bei wem, wie finanziert? Dennoch machte Lepsius, von seiner Frau Renate unterstützt, mir so viel Mut, dass ich Fetscher fragte, wie ich wieder näher an die Universität heranrücken könne. Er verstand und fragte zurück: „Wollen Sie eine Akademische Ratsstelle oder sich habilitieren?" Meine Antwort: „Wenn Sie so fragen: Letzteres!" Nun wurde noch Herzfeld gefragt, und der schrieb zurück: „Liebe Frau Dr. Grebing! Also Habilitation! ‚Self is the lady!' Ich bin jedenfalls zu allem bereit." Anschließend unterstützte der Drei-Männer-Bund meinen Antrag bei der Deutschen Forschungsgemeinschaft auf ein Habilitanden-Stipendium, das mir für zwei Jahre bewilligt und später um ein weiteres Jahr verlängert wurde. Mein Thema segneten die drei ab: „Konservative Kritik an der Demokratie in der Bundesrepublik". Anscheinend erschien ich damals einigen Politikwissenschaftlern (nicht Historikern!) reif für eine universitäre Laufbahn, denn kaum hatte Fetscher sein Plazet ausgesprochen, rief mich Arkadij Gurland, der einen Lehrstuhl in Darmstadt hatte, an und fragte mich, ob ich mich bei ihm habilitieren wolle. Wäre auch etwas gewesen! Ich arbeitete für die Habilitationsschrift in Wiesbaden, teilweise auch längere Zeit in München in den Jahren 1966 bis 1969; dadurch bekam ich von den universitären Auseinandersetzungen allenfalls am Rande etwas mit. Alles wurde einfacher, als Lucinde Sternberg im Herbst 1969 die ohnehin zu große und teure Wohnung in München aufgab und nach Frankfurt zog, wohin ich ihr von Wiesbaden folgte.

Die Habilitationsschrift wurde von mir im Dezember 1969 bei der Wirtschafts- und Sozialwissenschaftlichen Fakultät der Johann Wolfgang Goethe-Universität Frankfurt am Main eingereicht und von den Gutachtern Iring Fetscher, Christian Graf von Krockow und Wolfgang Zapf der Fakultät zur Annahme empfohlen. Am 8. Juli 1970 fand das Habilitationskolloquium statt; vorher hatte ich wochenlang „Klinken geputzt": alle Mitglieder der Fakultät besucht, um sie davon zu überzeugen, dass sie mich – eine Frau, eigentlich Historikerin und politisch rot dazu – in ihren Kreis aufnehmen sollten. Der 8. Juli war ein schwül-heißer Sommertag, und mit lautem Donnergrollen kündigte sich ein Gewitter an. Blendend stand ich nicht meine Frau; besonders die Soziologen und ein Teil der Ökonomen stellten mich vor methodologische Fragen, die nicht die meinen waren. Iring Fetscher versuchte mich, liebenswürdig wie er war, vor dem drohenden Untergang zu bewahren, aber wirklich gerettet haben mich mit ihrer Verhandlungsführung und ihren Fragen zwei andere: der Dekan Erhard Kantzenbach, ein mit mir fast gleichaltriger, übrigens sozialdemokratischer Ökonom, und der Doyen der bundesdeutschen Finanzwissenschaft, Fritz Neumark, einst jüdischer Exilant in der Türkei und Kollege von Ernst Reuter an der Universität Istanbul. Ja, wie das Leben so spielt.

Nun besaß ich also die Venia Legendi für das Fach Politikwissenschaft, aber Geld hatte ich keines; das Habilitanden-Stipendium war bereits im Juli 1969 ausgelaufen, und seither lebte ich – abgesehen von ein paar Vortragshonoraren – mit von Lucinde Sternbergs keineswegs reichhaltigen Einkünften. Erst im Dezember 1970 wurde ich zur Dozentin im Beamtenverhältnis auf Widerruf ernannt; auf Widerruf bedeutete: bis zur Berufung auf eine Professorenstelle. Durch die hessische Hochschulgesetzgebung möglich geworden, erfolgte dann im Juli 1971 die Ernennung zur Professorin auf Lebenszeit (C2). Im Mai 1971 hatte ich als „Fräulein Dr. phil. Helga Grebing" meine Antrittsvorlesung über das Thema „Überlegungen zu einem aktuellen Begriff der Volksrepräsentation" gehalten. Bereits im Wintersemester 1970/71 hatte ich mit meiner Lehrtätigkeit in Frankfurt begonnen und Studenten gefunden, die nicht nur klug, sondern oft auch klüger waren als ich (jedenfalls damals) und die mich kritisch-solidarisch durch die mir nicht so gut bekannten universitären „Kampfplätze" führten. Zu diesen Studenten zählten die Publizistin Cora Stephan, der Soziologe (und spätere Direktor am Max-Planck-Institut für Gesellschaftsforschung in Köln) Wolfgang Streeck, damals führendes Mitglied des Sozialdemokratischen Hochschulbundes, und die Soziologin Sylvia Streeck, seine Frau.

Genau betrachtet hatte ich Ende 1970 beziehungsweise Mitte 1971 alles, was ich hatte haben wollen. Frankfurt gefiel uns – Lucinde Sternberg hatte dort schon einmal eine kurze Zeit als Redakteurin und Lektorin des S. Fischer Verlages gelebt; wir dachten sogar an ein kleines Haus am Rande Frankfurts, was auch schon deshalb nahe lag, weil Lucindes Schwester Renate in Königstein im Taunus lebte. Und Fetscher vermutete mit einigen guten Gründen, dass es bald gelingen würde, meine Stelle in eine C3-Stelle umzuwandeln... Warum also nicht sich aufs Bleiben einrichten? Zumal sich einige Bewerbungsversuche oder doch Erkundigungen, ob sich eine Bewerbung lohnen könne, aus unterschiedlichen Gründen als Schlag ins Wasser erwiesen hatten.

Ja, warum nicht in Frankfurt bleiben? Ich wollte es wissen, wollte wissen, wie es ist, ordentlicher Professor zu sein. Dabei kam es mir weniger auf den Titel an, sondern auf die Arbeits- und Gestaltungsmöglichkeiten. Versuchen wollte ich es jedenfalls, und am 29. Februar 1972 – ich war also gerade 42 Jahre alt geworden – hatte ich sie dann, die von Peter von Oertzen unterschriebene Urkunde: Das Bundesland Niedersachsen berief mich „in das Beamtenverhältnis auf Lebenszeit zur ordentlichen Professorin"; mein Lehrstuhl am Seminar für Mittlere und Neuere Geschichte der Universität Göttingen trug die Bezeichnung: „Geschichte unter besonderer Berücksichtigung der Sozialgeschichte des 19. und 20. Jahrhunderts". Ich war die erste Ordinaria der Philosophischen Fakultät – einige meinen sogar der Georg-August-Universität Göttingen überhaupt.

Göttingen 1971 bis 1988

Wie kommt eine habilitierte Politikwissenschaftlerin zu einem Lehrstuhl in der Geschichtswissenschaft? Hierüber ließe sich viel schreiben; doch das überlasse ich denen, die über die Bildungs- und Wissenschaftspolitik im „sozialdemokratischen Jahrzehnt" forschen werden. Kurz gefasst kann ich für meinen Fall sagen: Den (meist selbst ernannten) Linken im Fachbereich Politikwissenschaft der Göttinger Universität war ich zu rechts (weil Sozialdemokratin), den meisten konservativen Historikern zu links (weil Sozialdemokratin). Nur einem Historiker nicht, der war aber kein Konservativer, sondern ein gelernter Sozialdemokrat hinterpommerscher adliger Herkunft: Rudolf von Thadden. Der kämpfte zäh und unverdrossen, unterstützt von einem Teil des akademischen Mittelbaus, für meine Berufung, und auch der sozialdemokratische Hochschulminister Peter von Oertzen tat das Seine. Rudolf von Thadden und ich – wir verstanden uns; wir bildeten eine stabile Koalition „Adel und Proletariat" und konnten uns alsbald überlegen fühlen über die Bürgerlichen, in deren Lager insbesondere die Liberal-Konservativen und ihre revolutionär-romantisch rückfälligen Kinder einander bekämpften. Was mich anging, so beruhigten sich die Konservativen alsbald, ohne je ihr Misstrauen mir gegenüber ganz zu verlieren. Ihr Spielführer in Göttingen ließ mich auf dem Umweg

über Münchener Bekannte wissen: „Rot ist sie ja, aber sie kann was."
Mit einer solchen Einordnung war ich ganz zufrieden, wenngleich ich
manchmal nicht wusste, ob sie wirklich nur mein „Rot-Sein" störte
oder doch nicht noch viel mehr die Tatsache, dass ich eine Frau war.

Ich war ausgesprochen zufrieden darüber, wieder bei den Historikern angekommen und der Theorielastigkeit der Politikwissenschaft
entronnen zu sein, die zudem kein einheitliches Bild darbot, sondern
immer noch ihre Ursprünge in einzelnen Fächern erkennen ließ
(Rechtswissenschaft, Philosophie, Soziologie, Ökonomie, Geschichte).
Dem Muster: erst die Theorie, entstanden durch den Rückgriff auf begrenzte empirische Sachverhalte, als Vorannahme postuliert und zur
weiteren Einordnung der empirischen Arbeitsergebnisse verwendet,
konnte ich nicht folgen. Für mich ergaben sich plausible Realitäts-
deutungen in Geschichte und Politik erst durch prinzipiell unbegrenz-
bare, wenn auch meist begrenzte faktische Erkundungen. Erst wenn
diese abgeschlossen schienen (ganz sind sie es nie), schlug für mich die
Stunde der Theorie.

Die Arbeit mit den Studenten gestaltete sich in den ersten Göttinger Jahren äußerst schwierig, beinahe katastrophal. Die durchaus
anspruchsvollen Marx-exegetischen Diskussionen nahmen ab und
es blieb schließlich ein ziemlich blinder und zugleich chaotischer
K(ommunistischer)-Gruppen-Dogmatismus übrig. So erwies es sich
als anstrengend, besonders für jemanden wie mich, die ich ja zunächst
noch Vorlesung für Vorlesung, Seminar für Seminar stofflich und di-
daktisch auszuarbeiten hatte, erwarten zu müssen, dass jede Lehrver-
anstaltung gestört wurde und manchmal erst gar nicht zustande kam.
Simple Störungen des Ablaufs oder die Abwehr ziemlich idiotischer
Pseudoargumentationen waren die Regel. Aber am meisten fuchsten
mich die bloßen Zuschauer-Rituale: Ein Teil der Seminarteilnehmer
verhielt sich stumm und neugierig beobachtend, wie die Kampfhähne
aufeinander losgingen. Bei einigen K-Gruppen-Mitgliedern habe ich
später meine Prüfungsbereitschaft wegen Befangenheit abgelehnt. Einige von ihnen, die in meinem Blickfeld blieben, haben später erfolgreich Karriere gemacht, in bürgerlichen Berufen und Einzelne sogar in
der Politik.

Zunehmend wurde das Leben aber ziviler, und es entstanden, fast
möchte ich sagen: Arbeitsgemeinschaften zwischen Lehrenden und

Lernenden, die beiden Teilen Spaß machten. Die Vorlesungen waren gut bis sehr gut besucht; die Prüfungen musste ich gut vorbereiten, denn ich hatte auch in mittelalterlicher Geschichte zu prüfen, von der ich zunächst wenig mehr Ahnung als die Prüflinge hatte. Die Studenten fanden, dass ich „streng, aber gerecht" gewesen sei und behaupteten, dass ich, würde ich im Göttinger Wald überfallen und das Messer mir vor die Brust gesetzt, darauf bestehen würde, dass erst einmal alles differenziert betrachtet werden müsse. Das hat mir denn auch gefallen. Forschungsprojekte, immer gerade so ausreichend mit Drittmitteln (vor allem durch die VW-Stiftung) finanziert, konnten unter großem Einsatz der Mitarbeiter auf den Weg gebracht werden: über die politische Zeitschriftenkultur nach 1945, über die Geschichte der Arbeiterbewegung in Niedersachsen, über die Integration der Flüchtlinge in Niedersachsen. Fast nebenbei schrieb und publizierte ich die Bücher, die mir im Nachhinein – neben der *Geschichte der Arbeiterbewegung* – als meine wichtigsten erscheinen: das Buch über *Fritz Sternberg. Für die Zukunft des Sozialismus*, die *Lehrstücke in Solidarität*, die *Entscheidung für die SPD* und das Buch über den *Revisionismus. Von Bernstein bis zum Prager Frühling*. Mit einer Reihe von „Schülern" und „Schülerinnen" bin ich bis heute teilweise sehr eng befreundet. Einige – das sei nicht verschwiegen – gingen nach unschönen Vorgängen auch „verloren", andere gingen einfach weg.

Im Unterschied zu München und auch noch Wiesbaden und Frankfurt kannte ich in Göttingen, als ich dort mit der Arbeit begann, wenigstens einige Menschen schon ganz gut, Sozialdemokraten natürlich: Hannah Vogt, die einige Jahre in der Hessischen Landeszentrale für politische Bildung tätig gewesen und nach Göttingen zurückgekehrt war; Inge Wettig-Danielmeier und Klaus Wettig, die ich 1968 auf der jährlichen Pfingst-Tagung der früheren Mitglieder des Internationalen Sozialistischen Kampfbundes (ISK) unter der Leitung von Willi Eichler kennengelernt hatte. Mit Hannah Vogt und den Wettigs konnten Lucinde Sternberg und ich in der Göttinger Zeit viele anregende und fruchtbare Tage, Abende und gelegentlich auch Nächte verbringen. Auch Kollegen wurden zu Freunden und Genossen zu Kollegen wie Walter Euchner, Peter Lösche und Richard Saage – meist mit erweitertem Familienanschluss. Das sozialdemokratische Netzwerk wuchs ständig; wir hatten einen Reihenbungalow in einem gediegenen Neubaugebiet am

Waldrand zunächst gemietet (viel später gekauft), zu Fuß zu erreichen waren Stadtmitte und Universität. In der Nähe Göttingens befanden sich die schönen Landschaften von Harz und Weserbergland, leicht zu erreichen mit dem Auto – nun ein feuerwehrroter BMW. In unserem Haus und in denen der Freunde wurde oft gefeiert – Feuer gemacht, gegrillt, Lieder der sozialdemokratischen Arbeiterbewegung, begleitet von Gitarrenklang, gesungen. Selten beschwerten sich die Anwohner, wenn die Lieder bis weit nach Mitternacht „erschallten", manche kamen neugierig hinzu und sangen schließlich mit. Und als dann noch Artur Levi, ein Exilant jüdischer Herkunft, zum sozialdemokratischen Oberbürgermeister von Göttingen gewählt worden war, da bestand kein Zweifel: Auch in Göttingen fand das „sozialdemokratische Jahrzehnt" statt.

In der Göttinger SPD selbst hielt ich mich zurück. Mir war klar, dass in einer kleinen Stadt mit großer Universität Inkompatibilitäten zwischen Politik und Wissenschaft unvermeidbar sein würden. Außerdem hatten Lucinde und ich vereinbart, dass sie sich auf der Ortsebene in der SPD betätigen würde und ich mich auf anderen Ebenen bewegen sollte. So arbeitete ich denn in der Universität in verschiedenen Gremien vom Fachbereichsvorsitz bis zum Senat mit und wurde Mitglied der Hochschulpolitischen Kommission der niedersächsischen SPD, Vorsitzende des „Arbeitskreises für die Geschichte Niedersachsens nach 1945" und Mitglied des „Wissenschaftlichen Beirates der Stiftung Haus der Geschichte der Bundesrepublik Deutschland" in Bonn.

Auf Distanz blieb ich auch gegenüber der feministisch ausgerichteten Frauenbewegung, obwohl mein Lebensweg mich dazu hätte veranlassen können, sich ihr anzuschließen. Aber so manches erschien mir überzogen, nicht proportional austariert, sodass mich manchmal bereits das Gefühl beschlich, mit Männern Mitleid bekommen zu müssen. Persönlich musste ich mich über keinen Mann beklagen und politisch hatte ich mich mit Männern und Frauen auseinanderzusetzen. Einzig der Arbeitsgemeinschaft Sozialdemokratischer Frauen (ASF) fühlte ich mich verbunden und habe hier den generationellen Bruch in den 1970er-Jahren unmittelbar miterlebt (ich war eine Zeitlang Mitglied des ASF-Bundesausschusses). Ich konnte „den Jungen" in ihren Anschauungen und Forderungen uneingeschränkt folgen; aber „den Alten" habe ich einen friedlicheren Abschied gegönnt.

Und warum kehrt nun jemand nach 17 Jahren Göttingen den Rücken? In den Jahren nach meiner Berufung nach Göttingen hatte ich mich, obwohl mehrfach dazu aufgefordert, nicht auf andere Lehrstühle beworben. Warum auch? Aber 1988 reizte mich die auf Europa ausgerichtete Institutsleitung in einem Bundesland, in dem es noch Arbeiterbewegung gab, mit einer Landesregierung, die „verstand" (während Niedersachsen wieder CDU-gefärbt war). Außerdem empfand ich mich nolens volens als zu stark von der niedersächsischen Landesgeschichte vereinnahmt. Geschichte und Kultur des Rheinlandes verführten nicht nur mich, sondern vor allem Lucinde, eine geborene Linksrheinische. Ich war inzwischen 58 Jahre alt, sie 70 – trotzdem: Wir wollten es noch einmal wissen. Und dann nach absehbarer Zeit nach Göttingen, wo Heimatgefühle entstanden waren, zurückkehren.

Bochum 1988 bis 1995

Bochum – das war keine Zechenstadt mehr, auch nicht die des Bochumer Vereins, der inzwischen zur Krupp AG gehörte, und auch nicht allein Opel-Stadt; es war eine Stadt mit einer Universität, in der ein breites Spektrum fast aller Fächer zu finden war. Diese Universität nannte sich mit einem gewissen Stolz „Ruhr-Universität"; sie war ein später Sieg über die dümmliche Ignoranz und Arroganz Kaiser Wilhelms II., der einst gemeint hatte, die Menschen im Ruhrgebiet sollten arbeiten und nicht denken (oder so ähnlich). An dieser Universität befand sich ein fakultätsunabhängiges (Zentral-) Institut zur Erforschung der europäischen Arbeiterbewegung, hervorgegangen aus einer übernommenen Bibliothek, das ich nun leiten und wo ich gleichzeitig im Fachgebiet Geschichte lehren sollte. Die Universität wurde liberal geleitet, bar fast jeder akademischen Borniertheit; die Verkehrsformen unter den Kollegen waren wirklich kollegial und weit entfernt von der in Göttingen erlebten und erlittenen Kragensteife. Es gab eine Landesregierung, die sich mit den Forschungsvorhaben der jeweiligen Fachgebiete förderungswillig auseinandersetzte, mich zum Beispiel, die ja bereits 58 Jahre alt war, mit einem Kabinettsbeschluss als Beamtin mit allen Ruhegehaltsansprüchen übernahm. Fünf Jahre wurde ich durch eine Stiftungsprofessur der Krupp-Stiftung finanziert – ohne jegliche Auflagen; danach wurde die Stelle vom Land Nordrhein-Westfalen weitergeführt und entsprechend etatisiert. Das Land hatte mit Johannes Rau einen „Landesvater", der sich nicht nur als früherer Hochschulminister kümmerte, sondern die für einen Politiker selten gewordene Eigenschaft besaß, wo immer er war, überzeugend als „einer von uns" zu wirken. Während in Göttingen die Lehre, der ich mich widmete, die Forschungsaufgaben leicht überrundet hatte, war es in Bochum umgekehrt. Es ging ja nicht nur darum, das Institut überzeugend in der Forschungslandschaft der Bundesrepublik zu etablieren, sondern es zugleich europäisch und sogar darüber hinausgehend zu orientieren. Es trifft schon zu, wenn ein jüngerer Kollege einmal bemerkte, dass in den sieben Jahren meiner Leitung das Institut gelernt habe, „zu fliegen". Aber das alles hätte nicht gelingen können ohne die Mitwirkung von Hans Mommsen, der das Institut in den 1970er-Jahren aus der Taufe gehoben hatte, und Günter Brakelmann, die beide hoch motiviert für das Institut allgemeinere Aufmerksamkeit regelrecht mit erkämpften. Das Fliegen hätte aber auch nicht gelingen können ohne die Forschungsleidenschaft und Arbeitsbereitschaft der jüngeren Leute.

Zwei Forschungsprojekte lagen mir besonders am Herzen: zunächst das über vergleichende Untersuchungen von strukturellen Wandlungsprozessen in altindustriellen Regionen. Ausgehend vom Ruhrgebiet ging der Blick von Sheffield in Großbritannien über Oviedo in Nordspanien bis in die USA in die Region um Pittsburgh, wo ich mich selbst zu Forschungszwecken mehrere Wochen aufhielt. Das zweite Projekt war auf die Geschichte demokratischer Bewegungen in Mitteldeutschland zwischen 1830 und 1933 gerichtet; es war, finanziell unterstützt von der Krupp-Stiftung, verknüpft mit der Qualifizierung jüngerer Historiker aus der ehemaligen DDR, denen die Gelegenheit gegeben wurde, sich mit den modernen sozialgeschichtlichen Forschungsmethoden vertraut zu machen. Das war, bewusst so gedacht, der Beitrag des Instituts zur Einheit Deutschlands. Es gab noch andere, eher ungewöhnliche „Events", die das Institut bekannt werden ließen als Konferenzort für Wissenschaftler aus anderen Ländern. So wurde 1988 eine internationale Fachtagung zu Ehren Willy Brandts aus Anlass seines 75. Geburtstages ausgerichtet; das Thema der Tagung hieß „Sozialismus in Europa – Bilanz und Perspektiven". Vielleicht war dies ein Beitrag dazu, dass das Ruhrgebiet weltoffener wurde und etwas von seiner proletarisch-provinziellen Prägung verlor.

Eine reine Erfolgsstrecke war Bochum selbstverständlich auch nicht: Jüngere Leute, die im Institut arbeiteten, kamen nicht miteinander aus und ich nicht mit ihnen und sie nicht mit mir. Manche habe ich überschätzt und damit auch belastet; manche auch überredet zu etwas, was ihnen eigentlich gar nicht gefallen konnte, was ich dann zu spät entdeckte. So war es in mancher Hinsicht bereits in Göttingen gewesen. Stabilisierend wirkte sich die Zusammenarbeit mit zwei Mitarbeiterinnen aus: mit der Verwaltungsleiterin und meiner Sekretärin; beide waren zuverlässige, lebenskluge Frauen, allein erziehende Mütter – von außen betrachtet hat man sicher manches Mal Züge eines Matriarchats entdecken können.

Was ebenfalls nicht so verlief, wie Lucinde Sternberg und ich es uns gedacht hatten, wird überraschen: Es gelang uns nicht, in der Bochumer SPD Boden zu finden. Da blühte noch viel Machismus und Intellektuellenverachtung (jedenfalls in unserem Ortsverein). Als uns zu Ohren kam, was ein lokaler Leitwolf der Ruhrgebiets-konservativen SPD-Funktionäre zum Besten gegeben hatte, zogen wir uns zurück: Wir

Mit Johannes Rau und
Willy Brandt in Bochum,
November 1988

sind, so hieß es, mit den Jusos fertig geworden, wir werden auch mit den „Tittensozialistinnen" fertig werden. Diese Einordnung bestärkte uns in unserer Absicht, nach meiner Emeritierung nach Göttingen zurückzukehren. Wir kauften sogar einen Bungalow in unserer alten Wohngegend in Göttingen, obwohl Lucinde als aufrechte, bekennende Sozialistin große Probleme hatte und machte, Eigentum dieser Art zu erwerben.

In Bochum wohnten wir – eigentlich zum ersten Mal – von der Raumaufteilung her gesehen ideal: in einem ehemaligen Steiger-Reihenhaus, nur fünf Meter breit, aber mit Keller, Erdgeschoss, erstem und zweitem Stock. Im Erdgeschoss befanden sich Wohn- und Esszimmer sowie die Küche mit dem Ausgang zum Garten; im ersten Stock hatte Lucinde ein kleines Arbeits- und ein Schlafzimmer, es gab ein Gästezimmer und das Bad; im zweiten Stock unter dem Dach hatte ich ein großes Arbeitszimmer und ein kleines Schlafzimmer sowie eine Dusche. Hinzu kam ein großer Garten, in dem früher gewiss Kartoffeln angebaut wurden, nun aber überwiegend Gras wuchs. Ich hatte immer einen Garten haben wollen – nun hatte ich ihn, spät, zu spät, denn die Knochen begannen, ihre Abnutzungssignale zu senden. Auch das nachbarschaftliche Umfeld passte – einige politische Freunde wohnten nahe bei uns, und so wuchs auch in Bochum die aus Göttingen gewohnte Geselligkeit heran.

Dennoch zogen wir schon vor meiner Emeritierung im späten Frühjahr 1994 nach Göttingen zurück. War es zu Beginn der Bochumer Zeit ein Semester gewesen, so wurden es jetzt zwei, in denen ich hin- und herfuhr – diesmal mit einem beigefarbenen Golf. Lucinde, nunmehr 76 Jahre alt, wollte endlich Ruhe haben. Sie wünschte sich und mir, dass die Zeit bald kommen möge, wo ich nicht mehr täglich mindestens einmal sagen würde: Ich muss jetzt, noch, demnächst... Für Lucinde kam diese Zeit nie, für mich ist sie bis heute noch nicht so recht gekommen. Deshalb muss (!) ich mich als bekennende demokratische Sozialistin andauernd an einen Satz von Friedrich Ebert aus dem Jahre 1918 erinnern: „Sozialismus ist Arbeit."

Was danach kam: 1995 bis heute

1994, wir waren gerade in Göttingen angekommen, wurde Lucinde wegen eines Brustkrebses operiert, 1996 erlitt sie nach dem Tod ihrer Schwester Renate eine infarktverdächtige Herzattacke, 1998 starb sie wenige Tage nach einer gelungenen Lungenkrebsoperation, vier Monate nach ihrem von uns allen fast überschwänglich gefeierten 80. Geburtstag. Ich kam mir vor wie ein amputiertes Wesen, ein schwankendes Rohr beim auch nur geringsten Wind, und ich wurde eine Art „fahrende Gesellin". 2001 flüchtete ich nach München wegen erhoffter Déjà-vu-Effekte, 2004 zog es mich nach Göttingen zurück, wo die erwartete Ruhestellung misslang, 2008 wanderte ich weiter nach Berlin, aus dem ich einst „abhauen" musste. Das erwies sich als eine relativ friedliche Ankunft vor dem unvermeidlich näher rückenden Ende.

Dank meiner Devise „Sozialismus ist Arbeit" begann ich mich langsam wieder zu stabilisieren – wobei diese Devise sehr ernst zu nehmen ist: Mit Arbeit ist ja heute gute Arbeit gemeint auf dem Fundament der Menschenrechte für möglichst viele in der Welt, und dies macht immer noch den Kern des demokratischen Sozialismus aus. So brachte ich mit anderen zusammen im Jahr 2000 das Handbuch *Geschichte der sozialen Ideen in Deutschland* heraus, 2004 erschien die Familiengeschichte *Die Worringers*, 2007 eine völlig neue *Geschichte der deutschen Arbeiterbewegung*, die die großen Linien der Arbeiterbewegung in Deutschland zieht, 2006 zusammen mit Dietmar Süß die zwei Bände über *Waldemar von Knoeringen 1906–1971. Ein Erneuerer der deutschen Sozialdemokratie*, 2008 erschien mein Buch über Willy Brandt, das den Untertitel trägt: *Der andere Deutsche*, und 2009 der zehnte und letzte Band der *Berliner Ausgabe von Willy Brandt*, bei der ich als Mitherausgeberin tätig war.

Glücklich bin ich auch in Berlin nicht geworden, wobei „Glück" wie „Stolz" Begriffe sind, die mir immer etwas geschwollen vorkommen und die ich deshalb selten benutze. Aber in Berlin habe ich viel Unterstützung und auch Anerkennung von einer ganzen Reihe von älteren und jüngeren mir vor allem politisch verbundenen Menschen gefunden, sodass ich jetzt ein einigermaßen ausbalanciertes Leben führen kann. Einen Rest von Familie sowohl väter- als auch mütterlicherseits habe ich auch wiedergefunden; mein brüderlicher Vetter aus Kindertagen, auch ein Sozialdemokrat geworden, lebt leider nicht mehr. Schließlich habe ich im Willy-Brandt-Haus einen Ankerplatz gefunden, der mir Lebenszeit sinnvoll füllt, wenn es nötig ist. Da ich dabei bleibe, dass Sozialismus Arbeit ist, arbeite ich eben weiter und kann so auch noch ein wenig weiterleben, und dies manchmal ganz vergnügt und gelegentlich sogar unbeschwert.

Im Willy-Brandt-Haus in Berlin, 2011 © Moritz Reininghaus

Anmerkungen

1 Alle Dokumente, auf die in der Darstellung zurückgegriffen wird, befinden sich, sofern kein anderer Fundort angegeben wird, im Privatarchiv Helga Grebing; dieses wird nach dem Tod der Autorin an das Archiv der sozialen Demokratie der Friedrich-Ebert-Stiftung in Bonn übergeben, wo sich bereits ein Vorlass befindet.

2 Vgl. Walter Prochaska, Chronik der Gemeinde Deuna, in: *Eichsfelder Heimathefte*, 2. Jg., 1962, S. 290–320, 349–381; Helmuth Godehardt, Das Eichsfeld als Ausgangsgebiet agrarischer und nicht-agrarischer Wanderungen in der ersten Hälfte des 19. Jahrhunderts, in: ebd., 6. Jg., 1966, S. 78–90; Rolf Barthel, Die Wanderarbeiter des Kreises Worbis in der 2. Hälfte des 19. Jahrhunderts I, in: ebd., 7. Jg., 1967, S. 6–16. Weitere einschlägige Informationen finden sich in der Sonderausgabe der *Eichsfelder Heimathefte* 1968 sowie in den *Beiträgen zur Lage und zum Kampf der Arbeiter des Eichsfeldes*, o.J.; Deuna im Eichsfeld. Erinnerungen in Wort und Bild, hg. von der Gemeinde Deuna, Duderstadt 2001.

3 Vgl. Kreisarchiv Landkreis Eichsfeld in Heiligenstadt, Bestand Deuna, Personenstammrolle 1881–1915, Archivsignatur 31.

4 Als überaus anregend erwiesen sich für mich die beiden von Hans-Georg Schrader herausgegebenen Bände der Zeuthener Ortschronisten: Zeuthen. Geschichte und Geschichten, Horb am Neckar, Bd. 1, 1998, Bd. 2, 2001, sowie 1945: Das Jahr in der Region Dahme-Spreewald, Königs Wusterhausen, Teil 1, 2009, Teil 2, 2010, hg. von Kulturlandschaft Dahme-Spreewald e.V. – Die Begegnungen und Gespräche mit den Ortschronisten Hans-Georg Schrader und Hans-Günther Mattern, vor allem aber mit meinem alten Freund Joachim Stoff waren für mich von hohem Wert. Die Treffen mit Rita Keil, geborene Wille, und Inge Barthel, geborene Wuttig, waren immer wieder informativ und zugleich heimatlich berührend. Für die Benutzung des Archivs der Ortschronisten bedanke ich mich herzlich.

5 Vgl. *Königswusterhausener Zeitung* (im folgenden KWZ), 59. Jg., Nr. 56, 7.3.1933; Die Lageberichte der Geheimen Staatspolizei über die Provinz Brandenburg und die Reichshauptstadt Berlin 1933–1936, hg. von Wolfgang Ribbe, Teilband: Der Regierungsbezirk Potsdam, Köln 1998.

6 KWZ, 59. Jg., Nr. 26, 31.1.1933.

7 KWZ, 59. Jg., Nr. 62, 14.3.1933; Nr. 53, 9.3.1933; Nr. 64, 10.3.1933; Nr. 88, 14.4.1933.

8 KWZ, 59. Jg., Nr. 35, 10.2.1933; Nr. 51, 1.3.1933.

9 KWZ, 59. Jg., Nr. 75, 29.3.1933; Nr. 104, 5.5.1933. Vgl. auch den biografischen Text von Joachim Stoff über Werner Bechthold, Manuskript, Veröffentlichung vorgesehen.

10 Brief des Zeuthener Amtsvorstehers vom 22. Juni 1937 bei Stoff, Bechthold.

11 So berichtet die KWZ, 59. Jg., Nr. 73, 26.3.1933. – Vgl. den biografischen Text von Joachim Stoff über Robert Jahnke, Manuskript, Veröffentlichung vorgesehen.

12 Kreisarchiv des Landkreises Dahme-Spreewald, Rep. 201, Zeuthen Nr. 1.

13 Die Briefe befinden sich im Privatarchiv Grebing.

14 Dagmar Reese, Straff, aber nicht stramm – herb, aber nicht derb. Zur Vergesellschaftung von Mädchen durch den Bund Deutscher Mädel im soziokulturellen Vergleich zweier Milieus, Weinheim 1989; dies. (Hg.), Die BDM-Generation. Weibliche Jugendliche in Deutschland und Österreich im Nationalsozialismus, Berlin 2007; Sibylle Hübner-Funk, Hitlers Garanten der Zukunft. Biographische Brüche. Historische Lektionen, 2. Aufl., Berlin 2005; Susan Campbell Bartoletti, Jugend im Nationalsozialismus. Zwischen Faszination und Widerstand, 2. Aufl., Berlin 2008.

15 Ralf Dahrendorf, Über Grenzen. Lebenserinnerungen, 4. Aufl., München 2002; Günter Gaus, Widersprüche. Erinnerungen eines linken Konservativen, Berlin 2004; Jost Hermand, Als Pimpf in Polen. Erweiterte Kinderlandverschickung 1940–1945, Frankfurt a. M. 1993; Heiner Müller, Krieg ohne Schlacht. Leben in zwei Diktaturen, erw. Neuausgabe, Köln 1994; Gerhard A. Ritter, Ein tiefer Einschnitt in meinem Leben, in: Werner Filmer, Heribert Schwan (Hg.), Besiegt, befreit… Zeitzeugen erinnern sich an das Kriegsende 1945, München 1995; Peter Schulz, Rostock, Hamburg und Shanghai. Erinnerungen eines Hamburger Bürgermeisters, 2. Aufl., Bremen 2009; Theo Sommer, „Übernimm nie alles fraglos und klaglos", in: *Süddeutsche Zeitung* vom 9. Juni 2010; Christa Wolf, Kindheitsmuster, Darmstadt/ Neuwied 1970; Helga Grebing, Die vom Jahrgang 1929/30 oder: Die Last der ‚späten Geburt', in: *Text und Kritik*, H. 46: Christa Wolf, 1994; Helga Grebing, Biographische Fragen, in: Rüdiger Hohls/Konrad H. Jarausch (Hg.), Versäumte Fragen. Historiker im Schatten des Nationalsozialismus, Stuttgart 2000; Stefanie Schüler-Springorum/Christl Wickert, Unversöhnte Geschichte(n). Historiker in Ost und West, in: Karsten Rudolph/Christl Wickert (Hg.), Geschichte als Möglichkeit. Über die Chancen von Demokratie. Festschrift für Helga Grebing, Essen 1995; Hans Mommsen, Zeitgeschichte als „Kritische Aufklärungsarbeit". Zur Erinnerung an Martin Broszat (1926–1989), in: *Geschichte und Gesellschaft*, 17. Jg., 1991, S. 141–157.

16 Vgl. Rainer Karlsch, Hitlers Bombe. Die geheime Geschichte der deutschen Kernwaffenversuche, München 2005, S. 50. Flügge (1912–1997) war damals Privatdozent in Berlin, wurde 1945 Professor in Göttingen, 1947–1961 in Marburg, danach in Freiburg.

17 Müller hatte die NSDAP-Mitgliedsnummer 385.955, sein Geburtsort war Siegen, von Beruf war er Ingenieur und wohnte in Miersdorf seit 1933 im Bachstelzenweg 18, davor in Berlin-Adlershof (Kreisarchiv des Landkreises Dahme-Spreewald, Rep. 201, Zeuthen Nr. 98).

18 Vgl. Dokument 0.5/II/1, Fundort: Archiv der Zeuthener Ortschronisten.

19 Ebd.

20 Vgl. Jeanette Michelmann, Aktivisten der ersten Stunde. Die Antifa in der Sowjetischen Besatzungszone, Köln u. a. 2002.

21 Protokoll vom 13. August 1945, Fundort: Archiv der Zeuthener Ortschronisten. Die KPD hatte zu diesem Zeitpunkt in Miersdorf 48 Mitglieder, darunter zehn Frauen und drei Jugendliche, neu eingetreten waren 26; für die SPD waren keine Vergleichszahlen zu finden. Im Dezember 1946 hatte die SED in Miersdorf 370 Mitglieder, die LDP 28, die CDU 7. Fundort: Kreisarchiv des Landkreises Dahme-Spreewald, Rep. 201, Zeuthen, Nr. 142.

22 Vgl. den Bericht über die Entwicklung der Orte nach 1945, in: Zeuthen, Geschichte, Bd. 1. Der Hinweis auf die Strafanzeige findet sich in: Kreisarchiv des Landkreises Dahme-Spreewald, Rep. 21, Nr. 142.

23 Die betroffenen Schulkameraden blieben in Haft, wurden viel später entlassen oder starben im Lager oder nach der Entlassung; Joachim Stoff gelang die Flucht, vgl. seinen Bericht in: Zeuthen, Geschichte, Bd. 2, S. 208–211. Vgl. ferner Hans-Hermann Hartwich, Fremdbestimmte Jugendjahre – Kriegseinsatz und Sowjetisches Speziallager 1944–1949. Autobiographisches zur deutschen Zeitgeschichte, Hamburg 2008.

24 Wenn hier und im Folgenden von „Aufzeichnungen" oder „Tagebuch" die Rede ist, handelt es sich um die von der Autorin selbst abgeschriebenen Auszüge aus ihren Tagebüchern vom 18. Juli 1945 bis 31. Dezember 1960. Sie befinden sich im Privatarchiv Grebing unter der Bezeichnung „Tagebücher – Auszüge". Die Originale der Tagebücher wurden inzwischen vernichtet, wie im Gemeinsamen Erbvertrag zwischen Lucinde Sternberg-Worringer und mir aus dem Jahre 1994 festgelegt.

25 Das „Schwarze Buch" existiert im Original und befindet sich ebenfalls im Privatarchiv Grebing; es umfasst die Zeit von April 1945 bis Oktober 1947.

26 Originaltext im „Schwarzen Buch". Eine gekürzte Fassung dieses Textes wurde veröffentlicht in: Friedhelm Boll, Hitler-Jugend und ,skeptische Generation'. Sozialdemokratie und Jugend nach 1945, in: Dieter Dowe (Hg.), Partei und soziale Bewegung. Kritische Beiträge zur Entwicklung der SPD seit 1945, Bonn 1993, S. 36 ff.

27 Originaltext im „Schwarzen Buch".

28 Vgl. Dirk Moses, Die 45er. Eine Generation zwischen Faschismus und Demokratie, in: Neue Sammlung, Jg. 40, 2000; Friedhelm Boll, Auf der Suche nach Demokratie. Britische und deutsche Jugendinitiativen. Miterlebte nationalsozialistische Unmenschlichkeit als Element der Neuorientierung von Kindern und Jugendlichen nach 1945, in: Andreas Gestrich (Hg.), Gewalt im Krieg. Ausübung, Erfahrung und Verweigerung von Gewalt in Kriegen des 20. Jahrhunderts, Münster 1995; Boll, Jugend im Umbruch vom Nationalsozialismus zur Nachkriegsdemokratie, in: Archiv für Sozialgeschichte, Jg. 37, 1997.

29 So die Auskunft des Archivs der Berliner Humboldt-Universität. Auffindbar war nur eine Broschüre mit dem Titel Zur Geschichte der Arbeiter- und Bauernfakultät der Humboldt-Universität zu Berlin. Beiträge zur Geschichte der ABF, Nr. 2, Berlin 1980, die zur Information benutzt wurde.

30 Darüber berichtet Joseph Lang, der Vorsitzende der Ortsgruppe, am 16. März 1948, in: Helga Grebing (Hg.), Lehrstücke in Solidarität. Briefe und Biographien deutscher Sozialisten 1945–1949, Stuttgart 1983, S. 162.

31 Der Mitschüler wechselte später zum Studium nach Hamburg und wanderte von dort ohne Studienabschluss nach Kanada aus, wo er als Bauunternehmer tätig war. Viel, viel später fand er mich in einer deutschen Zeitung erwähnt und wollte mit mir korrespondieren. Ich lehnte dies ab, denn was er schrieb, konnte ich auch, wenn ich wollte, in rechtsradikalen Zeitungen lesen.

32 Helga Grebing, Die vom Jahrgang 1929/30 oder: Die Last der ‚späten Geburt‘ (s. Anm. 15).

33 Christa Wolf, Im Dialog, Berlin/Weimar 1990, S. 29.

34 Grebing, Die vom Jahrgang 1929/30, S. 7.

35 Archiv der Freien Universität Berlin; Privatarchiv Grebing.

36 Archiv der Humboldt-Universität Berlin, Studentenakten nach 1945, Fragebogen für Studenten.

37 Stefanie Schüler-Springorum/Christl Wickert, Unversöhnte Geschichte(n), in: Rudolph/Wickert (Hg.), Geschichte als Möglichkeit (s. Anm. 15). Das FU-Milieu jener Jahre beschreibt Dieter Meichsner in seinem Roman *Die Studenten von Berlin*, Hamburg 1954.

38 Hans Rosenberg (1904–1988) wurde in Hannover geboren, wuchs aber seit 1910 in Köln auf. Seit 1922 studierte er Geschichte, unter anderem bei Friedrich Meinecke in Freiburg i. B., 1928 promovierte er, 1934 erfolgte die Habilitation. Über England, Kanada und Kuba gelangte er 1935 in die USA, wo er zunächst am Brooklyn College in New York, seit 1959 an der University of California in Berkeley lehrte und forschte. 1972 emeritiert, kehrte er 1977 nach Deutschland zurück.

39 Hans Herzfeld (1892–1982) war ebenfalls ein Schüler von Friedrich Meinecke und 1928 a. o. Professor in Halle, seiner Heimatstadt. Nach 1933 erlitt seine Karriere wegen seines jüdischen Großvaters einen Knick. 1938 wurden ihm die Venia Legendi und der Professorentitel aberkannt. Er arbeitete danach in der Kriegsgeschichtlichen Forschungsanstalt des Heeres in Freiburg i. B. 1946 wurde er dort a. o. Professor und folgte 1950 einem Ruf an die Freie Universität Berlin.

40 Das ist Georg Denicke (1887–1964), ein Menschewik, der Zuflucht in Berlin gefunden hatte und in der Redaktion der sozialdemokratischen Zeitschrift *Die Gesellschaft* mitarbeitete, bevor er 1933 erneut ins Exil gezwungen wurde, zuerst nach Frankreich, dann in die USA.

41 Der Brief befindet sich im Hessischen Staatsarchiv Darmstadt im Nachlass Bergsträsser unter der Signatur 021 N. 12/15. Ludwig Bergsträsser (1883–1960) studierte Geschichte, Staatsrecht und Nationalökonomie. Die Promotion erfolgte 1906, die Habilitation 1910 in Greifswald, 1918 erfolgte die Umhabilitation nach Berlin. 1920 bis 1933 war er im Reichsarchiv Potsdam tätig und a. o. Professor an der TU Berlin, später in Frankfurt a. M. 1933

wurde ihm die Lehrbefugnis entzogen, nach 1945 war er wieder Professor in Frankfurt a. M., dann in Bonn. 1919 gehörte er zu den Mitgründern der Deutschen Demokratischen Partei und wechselte 1930 zur SPD. Die erste Fassung seiner *Geschichte der politischen Parteien in Deutschland* erschien 1920.

42 „Rheinland-Reise 19. Januar 1952–16. Februar 1952".

43 Wilhelm Elfes (1884–1969) leitete die *Westdeutsche Arbeiterzeitung* von 1919 bis 1927 und wurde dann Polizeipräsident von Krefeld. Nach 1933 Handelsvertreter und nach dem 20. Juli 1944 zeitweise inhaftiert, da er zum Widerstandskreis um Jakob Kaiser und Andreas Hermes gehörte. 1945 zum Oberbürgermeister von München-Gladbach ernannt, gehörte er zum Gründerkreis der CDU, aus der er 1951 als Gründer der Bewegung für deutsche Verständigung ausgeschlossen wurde, später gehörte er der Deutschen Friedensunion an.

44 Josef Gockeln (1900–1958) war seit 1928 hauptamtlich in der katholischen Arbeiterbewegung tätig. Im Zweiten Weltkrieg Soldat, wurde er 1946 Verbandsvorsitzender der Katholischen Arbeitervereine Westdeutschlands und Mitglied des Landtags von Nordrhein-Westfalen. Seit 1947 war er Landtagspräsident und zugleich Oberbürgermeister von Düsseldorf. Er kam bei einem Verkehrsunfall ums Leben.

45 Hermann Joseph Schmitt (1896–1964) wurde 1928 Generalsekretär des Reichsverbandes der Katholischen Arbeitervereine. 1933 stimmte er als einer der wenigen Reichstagsabgeordneten des Zentrums gegen das Ermächtigungsgesetz. Er gehörte zum Widerstandskreis um Jakob Kaiser und Bernhard Letterhaus und kam 1944 ins KZ Dachau. 1945 wurde er Verbandspräses der Arbeiter- und Knappenvereine für die drei westlichen Besatzungszonen.

46 Heinrich Krone (1895–1983) war vor 1933 Generalsekretär der Windthorstbünde, 1945 einer der Gründer der CDU in Berlin, seit 1949 im Bundestag, 1955 bis 1961 Vorsitzender der CDU-Bundestagsfraktion.

47 Ein Exemplar der Dissertation befindet sich im Privatarchiv Helga Grebing und in den entsprechenden Akten der Freien Universität unter der Ziffer 34/40/04116(6)/2.

48 Die Gutachten von Hans Herzfeld und des Korreferenten Wilhelm Berges befinden sich im Universitätsarchiv der Freien Universität Berlin.

49 Wilhelm Berges (1909–1978) war ein Schüler des Göttinger Mediävisten Percy Ernst Schramm. Er wurde in Göttingen promoviert und habilitiert und erhielt 1949 einen Ruf an die Freie Universität Berlin.

50 Vgl. Rüdiger Hohls/Konrad H. Jarausch (Hg.), Versäumte Fragen. Deutsche Historiker im Schatten des Nationalsozialismus, Stuttgart/München 2000.

51 Ich habe nicht die Absicht, mein ganzes weiteres Leben jemals etwa in der Art der neun vorausgegangenen Kapitel zu beschreiben; ich bin vielmehr der Auffassung, dass alles Wesentliche, was ich zu sagen hatte, in meinen Publikationen steckt, und ich finde, dass ich die Kraft, die ich noch habe,

besser für Arbeiten gebrauchen sollte, die vielleicht ein wenig auch in die Zukunft reichen. Im Nachlass (vgl. Anm. 1) mag ab und zu, vor allem in den Korrespondenzen, einiges zu finden sein, was zu einer historischen Aufhellung der Geschichte der Bundesrepublik beitragen könnte. Für Leser, die ich neugierig gemacht habe, wie es mit mir nach 1953 weitergegangen ist, schreibe ich dieses letzte, das 10. Kapitel.

52 Über den Kunsthistoriker Wilhelm Worringer und seine Frau, die Malerin Marta Worringer, sowie ihre drei Töchter habe ich ein Buch veröffentlicht: Die Worringers. Bildungsbürgerlichkeit als Lebenssinn – Wilhelm und Marta Worringer (1881–1965), Berlin 2004.

Dank

Dank für guten Rat und manche Tat gebührt den Erstlesern des Manuskripts, dem Verleger André Förster, dem Kollegen Dietmar Süß und Tobias Kühne.

Dank dafür, dass ich das Schreiben begonnen und zu Ende gebracht habe, geht an freundschaftlich oder familiär verbundene Menschen, die meine Erinnerung manchmal korrigiert oder mich auf die Sprünge gebracht haben, sie wieder zu finden: Inge Barthel (-Wuttig), Gerhard Elter, Detlev Grebing, Rita Keil (-Wille), Inge Rudolph (-Wölk), Joachim Stoff, Elvira Wimmers.

Der Johannes-Sassenbach-Gesellschaft danke ich für die Unterstützung bei meinen Forschungen.

Großen Dank dafür, dass meine zuerst auf Papier und dann in den Computer gebrachten Gedanken nunmehr gedruckt erscheinen können, sage ich der Friedrich-Ebert-Stiftung.